생각수업

생각 수업

+ 온전한 나로 살아가기 위한
최고의 질문

박웅현 진중권 고미숙 장대익 장하성 데니스 홍 조한혜정 이명현 안병옥

알키 micimpact

내가 나로서 온전히 살아가기 위한 최고의 방법은
자신의 인생에서 반드시 답해야 할 질문을 만나는 것이다.

사유의 장을 열다

2015년 1월. 4,000여 명이 입추의 여지없이 빽빽하게 들어찬 강연장에 우리 시대 최고의 지성들이 섰습니다. 이틀에 걸쳐 장장 15시간 동안 펼쳐진 이 지식 컨퍼런스에서, 연사들과 청중들은 하나가 되어 지금껏 그 어디에서도 만나볼 수 없었던 삶에 대한 용감한 질문과 치열한 고민 들을 나눌 수 있었습니다. 바로 마이크임팩트에서 주최한 'Grand Master Class : Big Question'이었습니다.

'생각 수업'이라는 부제를 단 이번 컨퍼런스는 바쁘게 돌아가는 현대인의 삶 속에서 온전한 나로 살아가기 위해 무엇이 필요한지 일깨우는 시간을 가져보자는 목표로 시작됐습니다. 그 목표에 걸맞게 개막부터 폐막에 이르기까지 진지한 생각과 성찰이 줄곧 이어졌습니다.

특히 '생각의 시작은 질문'이라는 전제 하에 연사들이 던진 많은 질문들은 나 자신, 우리 사회, 나아가 지구와 우주에 이르기까지 생각의 대상을 확장시켜주었습니다. 정치, 경제, 사회, 환경, 과학 등 다양한 분야를 대표하는 연사들은 그 분야만큼이나 다양한 관점에서 수준 높은 지적 사유의 장을 마련해주었던 것입니다. 이렇게 확장된 관점은 결국 '그래서 나는 어떻게 살아가야 하는가'라는 궁극적인 질문으로 수렴되어, 자신의 삶을 한층 더 진지하게 바라볼 수 있는 계기를 제공해주었습니다.

《생각 수업》은 그 이틀간의 뜨거웠던 시간을 고스란히 담아낸 책입니다. 이번 책에서 연사들은 강연에서의 압도적인 현장감은 살리면서도 미처 그 시간 안에 다 담지 못한 이야기들까지 촘촘하게 풀어내며, 강연에 함께하지 못한 독자들도 이 즐거운 사유의 장에 참여할 수 있도록 했습니다. 이를 위해 원고를 다듬고 더해 넣는 수고로움을 마다하지 않았습니다.

이 책을 통해 온전한 나로 살아가기 위해서는 자기 자신에게 어떤 질문을 던지고 무슨 생각을 해야 할지, 그 해답을 찾아가시기 바랍니다.

무언가 대단한 권위가 날 누르고 들어올 때, 물음표를 던지셔야 합니다. 이걸 던진 후 느낌표가 나오면 직진하고, 아니면 놓아버리세요. '혹 지금 내가 중세로 가고 있는 건 아닌가?' 하는 생각을 늘 하셔야 합니다.

1장

정치적 상상력을 가지고, 정치적 활동에 참여하는 게 중요합니다. 투표에 반드시 참여하고, 여러 사회적 사안을 다루는 시민단체에서 활동하는 것도 직접 민주주의를 강화하는 방법입니다. 정치는 늘 해야 합니다.

2장

두려움과 충동, 이 두 가지가 삶의 주인으로 살아가는 것을 가로막는 장애물이라는 점을 알았다면 이제 이것들을 하나씩 면밀히 따져보아야 합니다. 그래야 삶의 주인이 되는 길을 발견할 수 있습니다.

3장

인간에 대한 앎은 인문학의 주제이기도 하지만, 그 앎을 인간에 대한 탐구라고 본다면 이에 대해 가장 새롭고 의미 있는 이야기를 해주는 것은 과학입니다. 이런 점에서 과학은 21세기의 인문학이라고 할 수 있습니다.

4장

자본주의가
정의로울 수 있는가 **by 장하성** · 142

나비 혁명을 일으키세요. 내일 당장 화염병을 들고 나가 싸우라는 이야기가 아닙니다. 조용히 혁명하세요. 여러분에게 기회가 왔을 때, 여러분 계층에 충실하게 투표하시면 됩니다. 그리고 이것을 여러분의 시대정신으로 삼으시길 바랍니다.

생각은 어떻게 탄생하는가 **by 데니스 홍** · 186

창의력이란 새로운 것을 만들어내는 능력이 아니라 기존의 것들을 연결시키는 능력입니다. 또한 아이디어야말로 세상을 바꾸는 행동의 시작이란 마음가짐을 갖는 것이 중요하다고 강조하고 싶습니다.

누구와 함께 살 것인가 **by 조한혜정** · 218

저는 내게 문제가 생기면 누군가와 의논하고, 함께 행복해지기 위해 자원을 공유하는 과정이 조화롭게 일어나는 곳을 '창의적 공유 지대'라고 말합니다. 이제부터 그런 작은 사회 단위를 만들어가야 합니다.

우리는 어디서 와서
어디로 가는가 **by 이명현** · 260

여러분 모두 1월 1일 0시부터 새로운 역사를 쓰실 수 있습니다. 우리가 그냥 별 먼지였다면 불가능한 일이겠지만, 우리는 '생각하는 별 먼지'이기에 가능한 일입니다.

우리는 무엇을
선택해야 하는가 **by 안병옥** · 290

우리에게 좋은 선택은 곧 지구에게도 좋은 선택일 가능성이 큽니다. 자동차에 의존하지 않는 삶, 육식을 줄이는 식생활, 자연과 교감하는 걷기 등은 지구를 살리는 길이기도 하지만, 건강을 지키는 방법이기도 하니까요.

왜는
왜 필요한가

by 박웅현

무언가 대단한 권위가 날 누르고 들어올 때, 물음표를 던지셔야 합니다.
이걸 던진 후 느낌표가 나오면 직진하고, 아니면 놓아버리세요.
'혹 지금 내가 중세로 가고 있는 건 아닌가?' 하는 생각을 늘 하셔야 합니다.

안녕하세요. 박웅현입니다. 저는 오늘 이 자리에 두 가지를 놓고 왔습니다. 하나는 제 뚜껑, 그러니까 모자이고요. 다른 하나는 제 무기, 그러니까 파워포인트입니다. 광고 회사에 다니다 보니 저에게는 PT가 곧 생활입니다. 꽤 잘하는 편이죠. 오죽하면 주례를 부탁하는 후배들에게 "결혼식장에서 PT를 할지도 모른다"면서 거절할까요.

그런 제가 오늘은 무장해제 상태로 왔습니다. 오직 칠판에 의지해서 이야기를 이어가보려고 합니다. 조금 불안합니다. 제 이야기가 여러분에게 지겹지는 않을지, 제가 잘할 수 있을지. 그 불안함으로 저를 몰아가보겠습니다.

왜?

인생의 즐거움은 느낌표를 찾는 데 있습니다.
그런데 느낌표가 있으려면
먼저 물음표가 있어야 합니다.
이런 이유에서 오늘 제 수업의 주제는
'왜는 왜 필요한가'입니다.

저는 물음표가 좋습니다. 나이가 들수록 점점 좋아져요. 인생의 즐거움은 느낌표를 찾는 데 있다고 생각하는데, 이 물음표가 있어야 느낌표가 따라오는 것 같거든요.

저는 큰 즐거움을 위해 느낌표가 커지면 좋겠습니다. 그러려면 물음표가 필요할 테고요. 이런 이유에서 오늘 제 수업의 주제는 '왜는 왜 필요한가'입니다. 이 질문에 대해 함께 생각해봤으면 좋겠습니다.

줄곧 질문하던 시대 vs. 질문이 사라진 시대

질문이 많던 시대가 있었습니다. 그리스로마시대가 그랬죠. 당시 그리스의 철학자 소크라테스는 젊은이들을 선동했다는 죄목으로 처형을 당했습니다. 소크라테스가 했던 것은 젊은이들이 스스로 깨달을 수 있도록 끊임없이 질문을 했던 것뿐이었는데 말이죠. 《플라톤의 대화편 *The Dialogues*》 에우티프론에 나오는 소크라테스의 가장 유명한 질문 중 하나를 살펴보겠습니다.

"신이 말했기 때문에 그것이 옳은가? 아니면 그것이 옳

기 때문에 신이 그렇게 말한 것인가?'

'신의 말은 어떤 경우에나 항상 옳은가?' '신이 거짓을 행하라고 명령하는 경우는 없는가?' '신의 명령에 우선하는 절대선의 개념이 있는 건 아닌가?' 등 많은 생각을 불러일으키는 문장인데요. 이것 하나만 보아도 질문이 가진 힘을 느끼실 수 있을 것입니다. 그렇습니다. 질문은 권위에 대한 도전입니다. 권위를 가진 사람들이 질문을 싫어하는 것도 바로 이런 이유 때문입니다.

이와 반대의 시대도 있었습니다. 우리가 흔히 '암흑시대'라 부르는 중세가 그랬죠. 관련해 《1417년, 근대의 탄생*The Swerve*》이라는 책이 있습니다. 제가 흔쾌히 추천하는 책입니다. 참고로 저는 책 추천을 함부로 하지 않아요. 내가 좋아한다고 해서 모두가 좋아할 순 없거든요. 게다가 책이 밀도가 너무 높으면 재미가 없는데, 이 책은 괜찮습니다.

다시 본론으로 넘어가 이 책에 관한 이야기를 좀 해보겠습니다. 《1417년, 근대의 탄생》은 르네상스가 어떻게 일어났는지를 추적한 책입니다. 저자 스티븐 그린블랫*Stephen Greenblatt*은 이 책으로 논픽션 분야에서 퓰리처상을 받기도 했습니다. 그는 이 책에서, 1417년 독일 남부의 한 수도원의 서가에서 당대의 뛰어난 필사가이자 인문주의자였던 포조 브라촐리니가 고대 로마의 시인 루크레티우스가 쓴 《사물의 본성에 관하여 *De Rerum Natura*》라는 옛 필사본을 발견하며 르네상스가 시작됐다고 주장합니다. 당시에는 인쇄술이라는 게 없었기 때문에, 브라촐리니가 작업 동반자인 니콜로 니콜리에게 부탁해 이 책을 필사하도록 했고, 이 필사본들을 몽테뉴, 다빈치, 보티첼리, 몽테스키외, 마키아벨리 등이 읽게 되면서 새 세상에 눈뜨게 된 거라는 이야기입니다. 바야흐로 신본주의의 중세시대에서 인본주의의 르네상스시대가 열리게 된 것이죠.

맨 처음 포조 브라촐리니는 《사물의 본성에 관하여》를 읽고 정말 놀랍니다. "세상에, 이런 세계관이 있나?" 했던 거죠. 이 책에는 에피쿠로스 학파의 사상이 오롯이 담겨 있습니다. 에피쿠로스 학파, 들어보셨죠? 들어봤다는 사람은 많은데, 정작 에피쿠로스 학파에 대해 제대로 아는 사람은 거의 없습니다. 지난 800년간 기독교 사회가 이 학파의 정신에 '쾌락주의'라는 낙인을 찍으며 억압해왔기 때문입니다.

그런데 에피쿠로스가 말하는 쾌락은 우리가 흔히 떠올리는 일차원적인 의미의 쾌락이 아닙니다. 이들이 주장하는 건 '현명한 쾌락'이죠. '좋은 관계가 없으면, 쾌락은 없다'는 것이 이들의 생각입니다. 이들은 현세에 대해 아주 진지한 태도를 갖고 있어 '지금 바로 네 앞의 사람과 나누는 교감이 중요하다' '네 눈앞에 집중

해라'라고 말합니다.

이렇듯 현세를 중시하고 사후 세계를 부정한 에피쿠로스 학파를 기독교 사회는 억압할 수밖에 없었습니다. 죽음 이후에 아무것도 없다는 것을 사람들이 알면, 천국에 가기 위해 선善을 쌓을 이유가 사라지죠. 자연히 사람들에게 면죄부를 팔 근거도 없어지고요. 이 당시 인본주의가 발현할 수 없었던 것도 이런 이유에서였습니다.

《1417년, 근대의 탄생》을 보면 신본주의시대의 성인聖人 성 베네딕투스가 등장하는데요. 교황 그레고리우스 1세는 성 베네딕투스를 다음과 같이 찬양합니다.

"그는 노르차 지역의 명망 있는 부모 밑에서 태어났다. 그의 부모는 그를 로마로 보내 교양 교육을 받게 했다. 그러나 그곳에서 그는 많은 동료 학생들이 악의 나락으로 떨어지는 것을 보았고 이에 그가 막 발을 들여놓은 세계를 멀리하기로 결심했다. 자신도 학문에서 지식을 얻는다면, 결국 그 역시 훗날 육체는 물론 정신까지 끔찍한 혼돈 속에 빠지고 말 것임을 염려했기 때문이다. 오직 신만을 즐겁게 하리라는 소망을 안고 그는 학업을 중단하고, 가정과 유산을 포기하고, 종교적인 삶을 살기로 결심했다. 그는 자신의 무지를 충분히 자각하면서 한 걸음을 내디뎠다. 교육을 받지 않는다고 해도 그에게는 지혜가 있었다."

— 스티븐 그린블랫의 《1417년, 근대의 탄생》(까치, 2013) 중에서

성 베네딕투스는 자신의 신앙생활에 방해가 된다면서 공부를 그만둡니다. 공부를 하면 계속 의심하고 물어야 하는데, 신에 대해서도 의심하고 의문을 갖는 자신을 보며 이를 신성모독이라 여기고 그냥 예전처럼 신앙생활에 집중하기로 한 거죠. 신의 권위만 믿기로 한 겁니다.

이처럼 그리스로마시대와 중세시대의 결정적인 차이는 '질문'이었습니다. 질문이 사라진 중세는 그야말로 암흑시대일 수밖에 없었던 것이고요.

더 이상 질문을
던지지 않는 사람들

지금은 어떤 시대를 닮았다고 생각하세요? 그리스로마시대인가요, 중세시대인가요?

저는 중세라고 생각합니다. 신神의 자리에 대신 돈을 앉히면 맞을 것 같아요.

우리는 묻지 않습니다. 우리가 무엇을 원하고, 왜 하는지 질문을 던지지 않습니다. 그 질문이 돈을 버는 데 방해가 되기 때문입니다. 마치 신을 모시는 데 방해가 된다며 공부도 생각도 그만둔 성 베네딕투스처럼, 우리는 돈을 벌어야 하는데 시간도 없고 도움도 안 된다며 책을 읽지 않습니다. 대신 취업 공부를 하고, 스펙 관리를 합니다.

제가 학교 다닐 때만 해도 이렇진 않았습니다. 그때는 선생님이 학생들에게 고전을 권했는데, 지금은 아니에요. 이제 교실에서 책을 읽고 있으면, "시험이 얼마 안 남았는데!"라면서 책을 못 읽게 한답니다.

왜 수능 시험에 나오는 걸 익히는 것만 가지고 공부라고 할까요? 책이란 뭐죠? 책 읽기가 곧 공부 아닌가요? 상식이 뭔가요? 《안나 카레니나》가 상식 아닌가요? 왜 공부하세요, 그럼? 왜 대학에 가시나요? 이런 질문들을 스스로에게 던지고 있습니까?

혹시 저희 회사에 관심이 있는 분들은 '망치 프로젝트'를 검색해보시기 바랍니다. 20대 친구들이 무려 400명의 청중을 앞에 두고 대강당에서 7분 스피치를 하는 프로젝트인데요. 지금껏 3회 진행되었고, 올 여름 4회를 앞두고 준비 중입니다. 이 프로젝트, 참 좋아요. 20대 친구들이 무슨 생각을 하고, 무엇을 말하고 싶어 하고, 어떻게 살아왔는지를 알 수 있어 퍽 감동적이거든요.

왜 수능 시험에 나오는 걸 익히는 것만
가지고 공부라고 할까요?
책이란 뭐죠?
책 읽기가 곧 공부 아닌가요?
상식이 뭔가요?
《안나 카레니나》가 상식 아닌가요?
왜 공부하세요, 그럼? 왜 대학에 가시나요?
이런 질문들을 스스로에게 던지고 있습니까?

1회에 참가했던 어느 친구의 말이 특히 기억에 남습니다. 명문대에 재학 중인 김윤하라는 이름의 이 여학생은 강원도 문막에서 중학교를 다녔다고 합니다. 그런데 이 친구가 공부를 잘하니, 어른들이 서울에 있는 대학에 가야 한다고 했겠죠? 공부 열심히 하는 아이들이 말을 참 잘 들어요. 이 친구도 결국 부모가, 선생이 시키는 대로 외국어고등학교에 들어갑니다. 그러고 나서도 당연히 열심히 공부했죠. 그러던 어느 날, 그 학교의 훌륭한 선생님 한 분이 학생들을 모아놓고 질문을 던집니다.

"여러분은 왜 공부합니까?"

그러자 학생들이 "좋은 대학 가려고요"라고 대답합니다. 또 선생님이 "왜 대학에 가고 싶어요?"라고 묻습니다. 학생들이 "좋은 직장에 가고 싶어서요"라고 대답합니다. 이후에도 질문과 답변이 이어집니다.

"왜요?" "돈 벌려고요." "왜요?" "결혼하려고요." "왜요?" "애 낳고요." "그다음에는요?" "좋은 교육 시켜야죠." "그다음에는요?" "좋은 대학 보내야죠."

그랬더니 질문을 듣는 학생들이 충격에 휩싸인 겁니다. 이게 뭐지, 싶었던 거죠. 그래서 이 친구가 나중에 철학 전공을 선택했답니다. 놀랍지 않습니까?

비슷하지만 다른 이야기도 들려드리겠습니다. 제 딸이 1년간 베를린에서 교환 학생으로 있을 때의 일입니다. 이 녀석은 평범한 아이인데요. 어느 날 저와 통화를 하던 중 충격받은 일이 있었다며 이야기를 들려줬습니다.

거기서 여러 친구들을 만났대요. 어울리는 아이들이 대부분 교환 학생들, 그러니까 뜨내기들이다 보니 서로 친구가 없어서 각자의 친구들을 통하고 통해 여러 아이들과 만나게 됐다는 거예요. 그중 절반 이상이 대학에 안 다니는데, 아이들이 참 좋고 배울 게 많더랍니다. 어느 날은 그 아이들이 제 딸에게 질문을 던졌는데, 대답을 하지 못하겠더래요.

"왜 대학 다녀?" "응, 공부하려고." "밖에서도 하잖아, 그런데 왜 굳이?"

한번 생각을 해봤답니다. 그러고는 대학에 갈 때 자신이 '대학에 꼭 가야만 하는 건지, 가지 않으면 안 되는 것인지' 고민해본 적이 없다는 사실을 깨달은 거죠. 대학 가는 걸 너무 당연시한 나머지, 가장 중요한 질문 자체를 던지지 않았던 겁니다. 딸아이는 그 사실에 일차로 충격을 받았다고 했습니다.

"철학은 왜 전공해?" "글쎄, 왜지?"

철학을 선택한 데도 특별한 이유가 없더랍니다. 그렇게 혼자

고민하다 저에게 고백합니다.

"아빠, 나 생각해봤는데, 폼 나니까 철학을 하기로 한 것 같아. 철학은 내가 진짜 하고 싶었던 게 아닌가 봐."

그러면서 스스로 놀랐다고 덧붙였습니다. 20대 초반까지 살면서 한 번도 자기 자신에게 진지하게 "왜?"란 질문을 던져본 적이 없다면서요. 자신이 무엇을 원하는가에 대해서 말입니다.

나를 채우고 있는 건 누구인가

한번 잘 생각해보세요. 대학에 왜 가셨어요? 부모님들, 선생님들 때문 아닌가요? 지금 여러분을 채우고 있는 건 온전히 여러분인가요?

망치 프로젝트에서 7분 스피치를 한 친구 유승미의 이야기를 하나 더 해드리겠습니다. 이 이야기들은 모두 제가 시켜서 한 것이 아니라 프로젝트에 찾아온 친구들이 스스로 들려준 것이란 점을 기억하셨으면 합니다.

이 친구는 고등학교 다닐 때 '좋은 친구'라는 말을 종종 듣곤 했답니다. 그런데 요즘은 '못된 년'이라는 말을 듣는다고 합니다. 왜 그런가 하고 봤더니, 고등학생 때는 친구들이 무슨 말을 하면 대부분 "맞다"고 동조를 해주었는데, 이제는 "왜?"라고 질문하기 때문이라는 겁니다. 그래서 친구들이 화를 낸다는 거죠.

이 친구가 왜 질문을 시작했느냐. 대학에 와서 사람들을 살펴보니 나를 채우는 요소가 엄마, 아빠, 선생, 선배라는 걸 알게 됐다고 합니다. 정작 나 자신을 구성하는 요소 중에 내가 원하는 것은 없더래요. 이 친구 말이 맞습니다. 엄마, 아빠, 선생, 선배로 채워진 몸. 이것이 바로 질문하지 않는 사람의 몸입니다. 자신이 무엇을 원하는지 모르는 사람의 몸인 겁니다.

그 깨달음을 얻고서 이 친구는 자기 자신을 온전히 자기 자신으로 채워나가기 위해, 내가 진짜 원하는 게 무엇인지 알기 위해 끊임없이 "왜?"라고 묻기 시작합니다. 심지어 "내가 왜 냉면을 좋아할까?"라는 질문부터 던졌답니다. 알고 보니, 어머니가 자기를 임신했을 때 냉면을 많이 드셨더랍니다. 의문이 풀린 이 친구는 그다음에도 아무도 묻지 않았던 것들에 대해 하나씩 질문을 던집니다. 그러다 보니 '못된 년'이 된 것이고요.

베를린 이야기로 돌아가 볼게요. 제 딸을 놀라게 만들었던 그 친구들은 고등학교를 졸업한 직후 자신이 무엇을 원하는지 몰라 일단 논다고 합니다. 그러다가 동물 보호하는 일이라든지 경영 관련된 일이라든지 일단 하고 싶은 게 생기면, 그에 맞춰 공부할 수 있는 곳을 찾아 들어갑니다. 그래서인지 그곳 대학의 학생들은 나이대가 참 다양합니다.

이것이 우리가 살아가야 할 모습 아닌가요? 그런데 지금의 우리들 모습은 이와 정반대입니다. 모두가 물신物神에 집단 항복한 사람들처럼 굴고 있습니다. 왜 이렇게 된 걸까요? 이런 상황을 만든 잘못은 철저히 저 그리고 저희 세대에 있습니다.

평형수가
있어야 할 자리

조금 무거운 이야기를 해보겠습니다. 2014년 우리에게 큰 충격과 아픔을 주었던 세월호 사건. 이 사건이 왜 벌어졌을까요? 어느 신문에 실린 머리기사 한 줄이 모든 것을 설명해주는 것만 같습니다.

"세월호의 매뉴얼은 돈."

세월호에는 안전 매뉴얼은 없고, 오로지 돈의 논리만 있었습니다. 일례로 더 많은 짐을 채우려고, 즉 더 많은 돈을 벌려고 배의

유럽의 친구들은 고등학교를
졸업한 직후 자신이 무엇을 원하는지 몰라
일단 논다고 합니다.
그러다가 일단 하고 싶은 게 생기면,
그에 맞춰 공부할 수 있는 곳을
찾아 들어갑니다. 그래서인지 그곳
대학 학생들은 나이대가 참 다양합니다.
이것이 우리가 살아가야 할 모습 아닌가요?

안전에 필수적인 평형수平衡水(선박이 기울어졌다가도 곧 평형을 유지할 수 있도록 배 밑에 채우는 물)를 뺐다고 합니다.

여러분이 배라고 가정해보세요. 지금 평형수를 채우고 있습니까? 평형수가 있어야 할 그 자리에 욕망, 돈, 출세, 성공만이 가득 차 있진 않나요? 부모님과의 따뜻한 관계, 배려 같은 것들이 차 있습니까? 요즘의 우리들 모습을 생각하면, 정작 그 자리에 있어야 할 평형수를 채우기는커녕 우리 스스로 자꾸 빼버리고 있는 게 아닌가 싶습니다.

얼마 전 우리 곁을 떠난 박준현 상계 백병원 정신건강의학과 교수는 〈한국일보〉에 기고한 글에서 다음과 같이 지적하기도 했습니다.

"우리도 열심히 달려가되 어디로 향하는지는 중요하게 여기지 않고, 화려함과 성과는 쌓아가되 잘 보이지 않는 우리의 평형수 수위는 점차 바닥까지 내려가고 있지 않은가. 욕심으로 내 삶을 가득 채운 후 높아져버린 무게 중심으로 뒤뚱거리며 위태하게 살아가고 있지 않은가. 어느새 위태롭게 높아져버린 내 삶의 무게 중심, 다시 안전하게 낮추어야 한다."

— 박준현의 〈한국일보〉 기고글 '눈물로 채워야 할 우리의 평형수'(2014.4.29) 중에서

평형수가 있어야 할 자리에 욕심을 채우고 있는 우리들. 저는 이런 모습이 "입시 준비는 안 하고 헤르만 헤세를 읽니?"라고 학생들을 윽박지르는 학교 선생님의 모습과 크게 다르지 않다고 봅니다. 가끔 무서워요. 왜 헤르만 헤세를 읽는 것이 야단맞을 일일까요?

제 후배 중에 김민철이라고, 대구 출신인 친구가 한 명 있어요. 이 친구 얘기를 잠깐 해보겠습니다. 한번은 저희 회사에서 카피라이터를 뽑는데, 유독 어느 남자 지원자가 눈에 띄는 겁니다. 보통 카피라이터 시험에서는 여초 현상이 심해서 1등을 뽑아놓으면 다 여자거든요. 채점을 하는데, 대단한 남자가 왔구나 싶었어요. 깜짝 놀랐죠. '세상에, 이런 수컷이 있다니! 무조건 뽑아야 해!' 하는 마음에 두말없이 뽑았습니다. 그렇게 해서 만나게 된 김민철. 뽑았더니 글쎄, 여자였어요.

김민철 이 친구도 공부를 상당히 열심히 했어요. 이 친구가 다닌 고등학교가 명문대 진학자 수로 명성이 높았다고 합니다. 당연히 공부도 엄청 시키고, 야자도 늦게까지 시키고 그랬답니다. 어느 시험 다음 날, 이 김민철의 친구들이 시험 끝났다고 무라카미 하루키, 헤르만 헤세 책을 읽다가 선생님께 딱 걸린 겁니다. 그대로 책을 압수당했죠.

그다음 날 책 읽다 걸린 학생들에게 방송실로 오라는 호출이 있었대요. '아, 어제 빼앗은 책들을 돌려주시려나 보다' 싶었던 친구들이 별 생각 없이 방송실에 갔는데, 알고 보니 그게 아니었답니다. 선생님들이 이 친구들을 체벌하고 이 실황을 전교생이 다 듣도록 방송을 했던 겁니다. "이제 학교에서 책 읽으면 이렇게 된다"는 일종의 무자비한 경고였던 셈이죠.

책 읽는 학생들을 때리는 것도 모자라 그 사실을 전교생이 다 인지하도록 방송까지 하다니, 정말 믿기지 않는 일입니다. 하지만 지금 대한민국 교실에서는 실제로 이런 일들이 심심찮게 벌어지고 있습니다. 대체 무엇이 진짜 공부인가요? 우리는 무슨 공부를 해야 합니까? 대학에는 왜 갈까요?

우리 사회의 주객전도 현상을 한번 살펴보세요. 무엇이 주主고, 무엇이 종從인지. 대학은 멋진 삶, 훌륭한 삶, 행복한 삶을 위해 가는 겁니다. 그런데 어느새 대학이 그 자체로 목표가 되어버렸어요. 아이가 태어나는 순간부터 수많은 부모들이 오로지 서울대를 점찍어 두고서 거기만 바라보며 18년을 투자합니다. 다행히(?) 아이가 서울대에 들어가면, 부모도 자식도 마침내 한숨을 돌립니다. 하지만 그렇게 한눈을 판 사이에 우리의 평형수는 빠져나가고 있습니다.

이 평형수를 채워야 하지 않을까요? 그래야 삶이라는 배가 흔들릴 때 평형을 유지할 수 있지 않을까요?

내가 진짜로
원하는 건 뭘까

파울로 코엘료Paulo Coelho의 책 《순례자O Diario de um Mago》를 보면 "배는 항구에 정박해 있을 때 가장 안전하다. 하지만 그것이 배가 만들어진 이유는 아니다"라는 말이 나옵니다. 저는 이 구절을 읽으면서 안정된 직장을 추구하는 우리가 떠올랐습니다. 사람들은 넉넉한 연봉이 있을 때, 보장된 연금이 있을 때, 충분한 퇴직금이 있을 때 삶이 가장 안전하다고들 말합니다. 그런데 그런 것들이 과연 우리가 태어난 이유일까요? 물론 연봉, 연금, 퇴직금 모두 있으면 좋겠죠. 문제는 주객이 전도됐다는 데 있습니다.

안전만 추구하는 게 맞을까요? 삶은 드라마잖아요. 나만의 드라마를 만들어가려면 무엇보다 내가 원하는 것부터 알아야 하겠고요.

이 지구라는 별에는 몇십 억 개의 다른 생각이 있습니다. 지금 이 순간, 옆 사람과 같은 생각을 하며 같은 삶을 살아가시는 분? 앞으로 계속 같은 경험을 하실 분? 아마 없을 겁니다. 여러분은 타인의 삶이 아닌 여러분만의 삶을 살고 있습니다. 앞으로도 그럴 겁니다. 그래서 내가 원하는 게 반드시 있어야 하는 겁니다. 부모가 원하는 게 아니고요. '나'라는 유기체를 존중하는 것은 정말 중요한 일입니다.

19세기 네덜란드의 화가 빈센트 반 고흐Vincent van Gogh 아시죠? 제가 아는 정보에 비춰보면, 그는 철저하게 실패한 인간입니다. 살면서 단 한 번도 빛을 보지 못했죠. 목사가 되려고 했다가 잘 안 되는 바람에 그림을 그리기 시작했는데, 화가로서도 각광받지 못한 채 따돌림까지 당했습니다. 동시대의 다른 화가들에게 완전히 기가 죽은 채 살았던 겁니다. 그림을 그린 기간도 총 10년뿐입니다. 세잔이나 피카소, 추사 김정희와 견주어보면 엄청나게 짧은 기간이죠. 우리가 흔히 아는 고흐 특유의 화풍 역시 그가 세상을 떠나기 고작 3년 전에 형성된 것입니다.

처음에 파리에서 그림을 그리던 그는 미술 공동체를 꿈꾸며 주변 작가들을 설득합니다. 하지만 아무도 이 계획에 동참하려 하지 않자, 쓸쓸히 혼자 프랑스 남부의 도시 아를로 향합니다. 뒤늦게 친구였던 폴 고갱Paul Gauguin이 합류하게 되는데 기쁨도 잠시, 얼마 되지 않아 둘은 싸우고 결별하고 맙니다. 화를 참지 못한 고흐는 자신의 귀를 자릅니다. 이후 정신병원에 들어갔다가 오베르라는 곳에서 자살로 생을 마감합니다.

그는 그림을 그려 동생 테오Theo van Gogh에게 신세를 갚고 싶어 했습니다. 테오만이 그의 유일한 후원자였거든요. 테오 역시 그림을 그리고 싶어 했지만, 형이 자기보다 그림을 잘 그린다는 판

이 지구라는 별에는 몇십 억 개의
다른 생각이 있습니다. 여러분은 타인의
삶이 아닌 여러분만의 삶을 살고 있습니다.
그래서 내가 원하는 게 반드시 있어야
하는 겁니다. 부모가 원하는 게 아니고요.
'나'라는 유기체를 존중하는 것은
정말 중요한 일입니다.

단이 서자 화상畵商이 되어 형을 도와줍니다. 물감, 캔버스까지 대주죠. 이런 사실을 누구보다 잘 알았던 고흐는 테오에게 돈을 갚고 싶어 했습니다. 그렇게 그는 자기 때문에 테오가 그림을 포기했다는 마음의 짐을 평생 지고 살았습니다. 지금은 두 형제가 같은 곳에 나란히 묻혀 있습니다.

고흐는 마지막 그림 〈까마귀가 나는 밀밭〉을 남긴 후, 테오에게 보낸 마지막 편지에서 다음과 같이 말합니다.

"그래, 나만의 일, 그것을 위해 내 삶을 위험에 몰아넣었고 그것 때문에 내 이성의 절반은 암흑 속에 묻혀버렸다. 그런데 너는 장사꾼에 속해 있는 것 같지 않다. 그리고 너는 아직도 진정한 인간성을 간직하고 있으며 또 진정한 너 자신의 것을 선택할 수가 있다. 진정 네가 원하는 것이 무얼까?"

— 파스칼 보나푸의 《반 고흐 : 태양의 화가》(시공사, 1995) 중에서

바로 이 질문입니다. 내가 원하는 것, 하고 싶은 것이 무엇인지 물어야 합니다. 이 물음표를 던져야 느낌표가 따라오는 겁니다. 이 느낌표는 아마 모두에게 각자 다 다른 모양일 겁니다. 그럴 수밖에 없죠. 남과 다른 나만의 생각을 갖는 것, 그런 생각을 가진 자신을 존중하는 것은 정말 중요한 일입니다.

자존이
중요한 이유

만약 저에게 인생에서 가장 중요한 한 단어를 고르라면, 저는 '자존自尊'을 고를 겁니다.

2014년에 네이버 '지식인의 서재' 인터뷰를 한 적이 있습니다. 당시 저는 여러 권의 책을 추천했는데요. 사실 궁극적으로 제가 하고 싶었던 이야기는 '책의 권위에 눌리지 말라'는 것이었습니다. 우리는 모두 어느 정도 책의 권위에 눌려 있는 경향이 있어요. 그러나 아무리 좋은 책이라 해도 내 안에서 의미가 생기지 않는다면, 그 책은 읽으나 마나입니다. 아무리 많은 석학들이 별로라고 했어도, 그 책을 읽고 내 안에서 의미가 생긴다면 그 책은 좋은 책이고요. 이것이 나에 대한 존중, 곧 자존自尊입니다.

서울대 권장도서 100권? 좋죠. 좋지만, 그것들이 모든 사람에게 권장할 만한 책일까요? 그럴 수도 없거니와, 그래서도 안 됩니다. 여러분이 나만의 권장도서를 스스로 찾아야 합니다. 타인에게 묻지 마시고요. 그러려면 내가 나 자신을 존중해야 하는데, 문제는 그럴 만큼 내가 훌륭하지 않다는 거예요. 너무 내가 '찌질'하게 느껴져요. 걱정하지 마세요. 저도 마찬가지입니다. 세상에 '찌질'하지 않은 사람, 없습니다.

우리가 선망하는 그 사람들도 훌륭하기만 할까요? 천재라 불리는 첼리스트 요요마를 예로 들어보죠. 그가 천재라고 해서 밥 먹는 것도 천재처럼 먹고, 잠도 천재처럼 잘까요? 그는 오직 첼로 연주를 할 때만 천재인 겁니다. 한 뼘 더 깊이 생각해보면, 그가 첼로를 잡는 모든 순간에 천재인 것도 아닙니다. 어떤 연주는 그다지 훌륭하지 않을 수 있으니까요. 사람에게는 기복이란 게 있습니다. 모든 일을 완벽하게 수행할 수는 없어요. 이렇게 볼 때 천재란 순간적인 현상일 뿐, 지속적인 상태라고 볼 수 없는 겁니다.

영웅담을 경계하세요. 그리고 지금 여기서 여러분에게 많은 이야기를 건네고 있는 저를 경계하세요. 강단에 섰다거나, 책을 썼다거나, 어쩌다 훌륭한 업적을 수행했다거나 하는 대상을 찾은 순간부터 사회는 편집을 시작합니다. 포토샵으로 보정을 하는 거죠. 우리는 잘 보정된 이미지에 부합하는 모습만 골라 보면서 대상에 속습니다. 사실 저도 빈틈이 엄청 많아요. '찌질'하고요. 그걸 아시는 게 좋습니다.

"나도 찌질하지만, 쟤도 찌질해. 내가 좋아하는 게 저 사람이 좋아하는 것보다 중요해."

이렇게 생각하는 것이 바로 자존입니다.

당신의 운명을
사랑하라

여러분은 스스로에게 자신이 뭘 원하는지 자주 물어보십니까?

제 책《여덟 단어》에서 저는 인생을 위해 생각해봐야 할 단어 여덟 가지로 자존, 본질, 고전, 견, 현재, 권위, 소통, 인생을 제시한 바 있는데요. 책이 나오고 나서 이 단어 이후에 또 떠오르는 단어가 있느냐는 질문을 받았습니다. 글쎄, 무엇이 있을까 생각하다가 문득 '욕망'이라는 단어가 떠올랐습니다.

그런데 우리 사회에서 욕망이라는 단어를 만드는 재료는 사실 허약하기 짝이 없어 보입니다. 조금만 이성적으로 생각해보면 갖지 않아도 될 것들, 가지고 싶어도 가질 수 없는 것들이 너무 많아요.

무엇을 욕망하십니까? 지금 피렌체에 가고 싶으세요? 김태희 같은 얼굴을 갖고 싶으세요? 그런데 그것들을 당장 실현할 방법이 있습니까?

조금만 더 생각해보세요. 아무리 건드려봐야 할 수 있는 건 아무것도 없습니다. 이것이 여러분의 운명입니다. 그러니, 아모르 파티amor fati, 운명을 사랑하세요! 이것이 바로 제가 생각하는 가장 적극적인 삶의 방법입니다.

무엇을 욕망하십니까?
지금 피렌체에 가고 싶으세요?
김태희 같은 얼굴을 갖고 싶으세요?
그런데 그것들을
당장 실현할 방법이 있습니까?

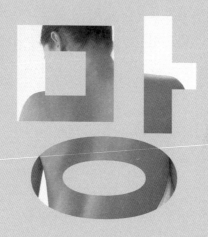

아무리 건드려봐야 할 수 있는 건
아무것도 없습니다.
그러니, 아모르 파티amor fati,
운명을 사랑하세요!
이것이 바로 제가 생각하는
가장 적극적인 삶의 방법입니다.

이제 제가 왜 모자를 쓰지 않고 왔는지 아시겠죠? 저는 30대부터 머리가 빠지기 시작했습니다. 싫었어요. 키가 더 컸으면 좋겠다고도 생각했습니다. 부모님이 부유하지 않은 것도 만족스럽지 않았고요. 현 시대도 싫었어요. 800년 전 몽골의 울란바토르에서 태어나고 싶었지만, 현실은 쌍문동이었습니다. 한마디로, 제가 할 수 있는 게 없었어요. 이 조건들 가운데 내가 애써서 바꿀 수 있는 게 있습니까?

인생을 100으로 봤을 때 90은 '기존旣存'입니다. 이미 그렇게 존재하는 것들이죠. 내가 태어난 시대, 내가 타고난 삶의 조건, 이 모두가 기존입니다. 건드릴 수가 없어요. 나머지 9는 '기성旣成'입니다. 이미 이루어진 것이죠. 여러분은 이미 그 이름을 가지고 있고, 몇 번의 실패와 성공을 했고, 그렇게 생긴 얼굴이고, 그런 성격을 가졌습니다. 못 고칩니다.

지금부터 고쳐야 할 것은 나머지 1인 '미성未成'입니다. 아주 작은 부분이지만, 아직 이루어지지 않은 부분, 우리 스스로 선택하고 결정해나가야 하는 부분입니다. 저는 이미 쉰 살이 넘었어요. 그런 제게 '스무 살이면 좋겠다'라는 건 필요 없는 욕망입니다. '내년에는 내 몸이 더 젊어졌으면 좋겠다' 역시 웃기는 얘기입니다. 이런 욕망은 이룰 방법이 없습니다. 그렇게 하릴없이 생각만 하다가 시간만 흘러가버려요.

요즘 "이번 생은 글렀어", 이런 얘기 많이들 하죠? 2014년 봄 마이크임팩트 주최로 여의도 한강공원에서 3,000명 정도의 젊은 이들이 모이는 파티에 초대받은 적이 있습니다. 그 파티 제목이 "이번 생은 글렀어. 그래도 우린 졸라 젊다"였습니다. 이 자리에서 강연을 하며, 제가 제목에 시비를 걸었어요.

"'그래도 우린 졸라 젊다'는 좋습니다. 그런데 '이번 생은 글렀어'라니, 마음에 안 들어요. 이 말은 다음 생이 있다는 뉘앙스를 풍기는데, 이건 위험한 생각입니다. 다음 생은 없습니다. 우리에게 있는 유일한 생이 이번 생입니다. 그렇기 때문에 이번 생은 절대 '글렀다'라고 말하면 안 됩니다. 그렇게 두면 안 됩니다. 포기해서도 안 됩니다. 그건 명백히 여러분의 선택이 글렀다는 의미입니다."

이런 삶의 태도가 바로 '아모르 파티!'입니다. 여러분 스스로를 존중하시길 바랍니다. 여러분 부모님께 감사하시고요. 그렇다고 그분들의 뜻에 따르지는 마세요. 누구도 여러분의 삶을 책임져주지 않습니다. 그리고 그렇게 해야만 진짜 여러분이 원하는 것을 찾을 수 있습니다.

물음표에서
느낌표로 가는 삶

　물론 이렇게 자기 삶을 온전히 나의 것으로 만들며 살아가다 보면, 불안해지는 때가 오기도 합니다. 이 길이 맞을지, 내 선택이 옳을지 늘 확신할 수는 없으니까요. 하지만 그렇게 예측하기 힘든 것이 인생이고, 그 안에서 스스로 선택을 내리는 것이 또한 즐거움 아닐까요? 배를 만들었으면, 바다로 나아가 풍랑도 만나보고 또 그것을 극복해가며 즐겨도 보셨으면 합니다. 우리는 그러려고 태어났잖아요. 평생 남들과 똑같이 평안하고 조용하게 살다 가는, 그런 밋밋한 드라마를 원하세요?

　거듭 말씀드리지만, 나만의 멋진 드라마를 만들어가려면 무엇보다 내가 원하는 걸 알아야 합니다. 이것이 물음표가 중요한 이유이고요.

　특히 젊은이들에게 한 가지만 더 말하고 싶습니다. 우리가 물음표를 던져야 할 대상은 바깥의 힘 있는 사람들입니다. 제 말을 믿지 마세요. 제 말이 맞는지 각자 머릿속에서 충분히 검증해보셔야 합니다. "저게 맞나?" 물어보시고, 동의할 수 있으면 "괜찮네" 하면서 받아들이시고요. 나와 맞지 않다 싶으시면 거부하시기 바랍니다.

영국 사람들은 스스로 동의가 안 되는 일이면, 그 어떤 권위라도 받아들이지 않는 삶의 태도를 지녔다고 합니다. 왕이든, 권력이든, 돈이든, 뭐든 말이죠. 그런데 우리는 너무 쉽게 굴복합니다. 무엇이 무섭습니까? 서울대를 못 가서? 판검사가 못 돼서?

우리는 너무 공부를 편협하게 생각합니다. 우리 몸에서 머리만 중요하게 여기고, 몸은 머리를 실어 나르는 일종의 캐리어carrier 정도로 여기는 게 아닌가 싶을 정도입니다. 영국의 교육학자 켄 로빈슨Ken Robinson의 2013년 테드TED 강의*를 한번 찾아서 보세요. 20분 남짓한 짧은 시간 동안 '학교가 창의력을 어떻게 죽이는가How schools kill creativity'라는 주제로 이야기를 펼치는 켄 로빈슨은 언어와 수학 중심으로 돌아가는 산업화 시대의 산물인 현 교육 제도가 아이들의 창의력을 갉아먹고 있다고 일갈합니다. 그는 "모든 아이들은 예술가로 태어난다. 하지만 자라면서 그 예술성을 유지시키는 것이 문제"라는 피카소의 말을 언급하며, 아이들이 미래에 맞설 수 있도록 전인교육을 실시하는 것이 우리의 책임임을 강조합니다.

우리는 가끔 수학만큼 춤도 중요하다는 사실을 잊습니다. 그렇게 머리만을 중시하면서 동시에 그 권위에 눌리곤 합니다. 누

---

*https://www.ted.com/talks/ken_robinson_says_schools_kill_creativity.html에서 볼 수 있습니다.

가 서울대에 다닌다고 하면 '쟤가 다 맞을 거야'라고 생각하고, 누가 교수라고 하면 '교수면 존경할 만한 사람일 거야'라고 여깁니다. 하지만 최근 여러 시끄러운 사건들에서도 알 수 있듯, 제자들을 성추행하는 나쁜 교수들도 있습니다. 판사? 우리와 마찬가지로 '찌질'하고요. 의사? 사소한 일로 부인 폭행하는 사람도 있습니다.

모두 다 검증해보셔야 합니다. 어떤 직업, 어떤 위치, 어떤 권력에 무조건 동의하시면 안 됩니다.

"동의할 수 없는 권위에 굴복하지 말자."

이것이 젊음입니다. 이런 삶의 태도를 가지셔야 합니다.

단, 동의할 수 있는 권위에는 굴복하는 게 멋있습니다. "정말 존경스럽습니다" "몰랐습니다, 배우겠습니다" 이렇게 말할 수 있었으면 좋겠습니다.

무언가 대단한 권위가 날 누르고 들어올 때, 물음표를 던지셔야 합니다. 기죽지 마세요. 이걸 던진 후 느낌표가 나오면 직진하고, 아니면 놓아버리세요. 그게 싫으면 싸우거나 피하세요. '혹 지금 내가 중세로 가고 있는 건 아닌가? 그러면 안 되는데' 하는 생각을 늘 하셔야 합니다.

더 많은 이야기를 나누고 싶지만, 오늘은 여기까지 하겠습니다. 이 자리에서 "왜?"라는 질문 하나만 가지고 돌아가셔도 됩니다. 그거면 충분합니다.

Q 진정한 욕망을 찾기 위해서는 사회에서 만든 허상에 휘둘리지 말 아야 한다고 생각했는데, 박웅현 님은 허상을 만들어내는 광고업계에 계시잖아요. 요즘 광고는 소비자가 원하는 진짜 가치를 보여주는 게 아니라 허상만을 좇게 만드는 기만행위를 하고 있다고 생각합니다. 그런 부분에 대해 어떻게 생각하시는지요? 소비자가 현명하게 선택해야 한다는 말 말고 다른 이야기를 듣고 싶습니다.

A 정말 훌륭한 질문입니다. 저는 도덕적인 사람이 아니라 돈을 벌기 위해 생업으로 광고를 선택한 사람입니다. 이 일 자체가 부도덕하다고는 생각하지 않아요. 제 일은 기업의 좋은 이미지를 전달하는 거죠. 물론 제가 앞서 물신에 의한 집단 항복 현상에 대해 말씀드렸는데, 그것이 광고가 가진 일면이기도 합니다.

10여 년 전에 선풍적인 인기를 끌었던 "부자 되세요" 광고 기억하세요? 이 말이 불편하지 않으세요? 저는 부자가 되라는 말이 덕담으로 간주되는 사회는 좋은 사회가 아니라고 생각합니다. "행복하세요" "복 받으세요"라고 해야 맞지 않을까요? 그렇다고 그 광고가 잘못된 걸까요? 왜 그 광고가 뜨고 사람들의 열광을 이끌어냈죠? 우리를 먼저 돌아봐야 합니다.

저는 광고 자체가 싫은 게 아니라 그런 걸 하고 싶지 않은 겁니다. 광고가 싫었으면 지금까지 하지 않았을 겁니다. 저는 한 기업의 이미지를 좋게 하는 동시에, 넥타이와 청바지는 동등하고, 나이와 성별은 차이가 없고, 진심이 진정한 가치를 지녔다는 이야기를 하고 싶습니다. 제가 하는 일을 통해 그런 메시지를 던지고 싶어요.

정리하겠습니다. 소비자의 욕망을 자극하는 일을 하고 싶지 않다고 말하지 않겠습니다. 제 생업이니까요. 단지 그 일을 아주 긍정적인 측면에서 하고 싶다는 것이 제 꿈입니다.

Q 저는 지금 인턴을 하고 있는데요. 원하는 일이 꼭 직업으로 귀결되어야 하는 것인지 궁금합니다.

A 필요한 질문입니다. 저는 그렇게 생각하지 않습니다. 직업을 너무 빨리 정하지 마세요. 여러분이 간절히 원한다고 해서 우주가 도와주지 않습니다. 우주는 여러분들의 꿈에 관심이 없습니다. 그러니까 너무 직업을 꿈과 연관 지으려 하지 마세요.

저는 처음에 기자와 피디가 되고 싶었습니다. 하지만 잘 안 돼서 결국 광고업계로 들어왔습니다. 그러니 직업을 갖는 것에만 신경을 쓰며 시야를 너무 좁히진 마세요.

Q 저는 어렸을 때부터 경영에 관심이 많았는데요. 유독 경영에 관심이 많은 이유가 궁금해 '내가 왜?'라는 질문도 많이 했습니다. 그런데 경영을 해본 적도 없으면서 막연히 어릴 때부터 그냥 원하고 꿈꾸게 된 것 같아요. 그래서 묻고 싶습니다. 박웅현 님은 왜 광고를 시작하게 되신 건가요? 광고를 처음 시작할 때, '이 일이다' 하는 확신을 갖고 하신 건가요?

A 제가 광고를 시작한 이유는 먹고살기 위해서입니다. 졸업을 하고 나서 가정이 생길 것 같아 취직을 해야 했고요. 하고 싶은 건 다 떨어진 상태였습니다. 다음 선택지는 광고였기 때문에 시작했습니다. 한국 광고계에 새로운 지평을 열겠다는 거창한 생각은 그때도 없었고, 지금도 없습니다.

확신이란 없어요. 3년 차까지는 광고를 해야 하는지 잘 모르겠다 싶었고, 다른 걸 하고 싶었습니다. 그때 내가 살아남을 확률을 따져보며 선택을 했습니다. 확신은 조금씩 쌓아가며 만든 '아모르 파티'입니다. 내가 광고를 선택했으니, 여기서 답을 찾겠다고 마음먹었던 거죠.

제가 드리고 싶은 말씀은 무엇이 될지, 무엇을 해야 할지 그렇게 빨리 정하지 말라는 겁니다. 흘러가다 보면 무언가 잡히는 게 있을 텐데 그게 최선은 아닐 수 있습니다. 그때 최선 혹은 차선을 선택하시고, 그 안에서 또 최선을 선택하시면 됩니다.

자신의 얼굴이 내가 선택한 그 얼굴이 되어가는 과정 속에서 나 자신이 만들어지는 겁니다. 조금 넓게 보시고 편안하게 생각하시면 좋겠습니다.

우리는 왜 정치에
관심을 가져야 하는가

by 진중권

정치적 상상력을 가지고, 정치적 활동에 참여하는 게 중요합니다. 투표에 반드시 참여하고,
여러 사회적 사안을 다루는 시민단체에서 활동하는 것도 직접 민주주의를 강화하는 방법입니다.
정치는 늘 해야 합니다.

제가 여러분과 함께할 생각 수업의 주제는 바로 '정치'입니다. 생각해야 할 것들이 한둘이 아닌데, 왜 하필 저는 정치를 말하는 걸까요? 왜 우리는 정치에 관심을 가져야 할까요? 여러분과 만나기 전, 우선 저부터 생각해봤습니다. 그런데 솔직히 잘 모르겠더라고요. 그래서 내린 첫 번째 결론입니다.

'관심, 안 가져도 된다.'

정치에 관심을 갖지 않아도 된다는 것 자체가 실은 하나의 정치적 '태도'죠. 흔히 '포스트모던post modern'으로 지칭되는 사유가 80~90년대에 전 세계를 휩쓸면서, 우리 사회에도 이런 태도가 퍼져나간 게 아닌가 싶어요. 물론 1989년 현실 사회주의가 무너진 것이 90년대 이후 정치에 대한 관심이 급격히 소멸하게 된 결정적인 원인입니다.

저에게는 대학생활이 없었습니다. 저와 제 친구들은 대부분 강의도 안 듣고, 오로지 거리에서 투쟁만 했어요. 우리 세대가 젊은 시절을 그렇게 보내다 보니, 그런 삶에 신물이 나서 90년대에 널리 받아들이게 된 것이 '포스트모던'의 '탈정치' '탈역사'의 사고와 태도입니다.

이른바 '근대의 해방 서사'라는 거대한 이야기가 종교적 신앙처럼 받아들여지던 시대가 있었죠. 거기에는 좌익적 버전과 우익적 버전이 있습니다. 해방 서사의 좌익적 버전은 혁명을 통해 모든 이가 억압에서 벗어나 평등한 사회를 건설할 수 있다는 이야기이고, 우익적 버전은 자본주의의 발전을 통해 모든 사람들이 궁핍에서 벗어나 물질적 풍요를 누릴 수 있다는 이야기입니다. 전자는 현실사회주의의 몰락으로 이미 허구성이 입증됐죠. 하지만 사회주의가 몰락했다고 자본주의가 마냥 잘나가는 건 아니죠? 자본주의 아래서 사람들의 삶은 날로 각박해지고 있습니다. 여러분도 마찬가지이고요. 앞으로 이 고통이 줄어들 거라고 믿는 분은 아마 거의 없을 겁니다. 자본주의 서사에 대한 불신이 팽배하게 된 것이죠.

정치보다 먹고살 문제가
우선인 사람들

이게 전 세계의 보편적 현상이라면, 우리나라에는 특수한 정치 혐오증이 존재합니다. 우리나라의 상황을 보면, 80년대에 부르짖던 '민주주의'의 과제는 이제 어느 정도 해결됐습니다. 비록 형식적 민주주의에 불과하지만, 민주주의는 어느 정도 작동하고 있습니다.

실현된 욕망은 더 이상 욕망이 아니죠. 밥 먹고 나서 배가 잔뜩 부른데, 밥을 또 먹고 싶지는 않잖아요. 민주주의라는 욕망을 어느 정도 충족시키자, 개개인의 내면에서 새로 솟아난 욕망이 바로 '배가 고프다'는 것이었어요. 그러니까 사람들이 사회가 어떻게 돌아가느냐보다는 어떻게 해야 취직을 할 수 있을까에 더 관심을 갖게 되었다는 거죠. 이런 맥락에서 정치에 관심을 갖지 않는 게 낫다고 이야기하는 사람들이 생겨납니다.

실제로 정치에 관심을 가지는 게 딱히 도움이 되지는 않습니다. 오히려 정치에 관심을 보였다가 불이익을 당하는 경우가 종종 있습니다. 이를테면 이런 거죠. 면접을 봅니다. 거기서 면접관이 정치적 견해를 물어요. 어떻게 대답해야 할까요? 여당스럽게? 야당스럽게? 어떻게 대답하든 여러분에게는 낙인이 찍힙니다.

"아, 저 지원자는 이러저러한 사람이구나" 하고 이미지가 박혀버리는 거죠.

저 역시 마찬가지에요. 저는 원래 미학자입니다. 저를 '유쾌한 미학자'라고 소개하는 사람도 많습니다. 하지만 저는 여기저기서 정치적 목소리를 내는 데 별로 주저하지 않는 편입니다. 그래서 인지 아무리 열심히 미학을 해도, 교수 직함을 유지하고 있어도, 사람들은 저를 '논객'이라고 생각합니다. 그 이미지에서 벗어나지 못해요. 일종의 낙인이 찍힌 거죠. 그래서 종종 이미 잡혔던 강연회가 갑자기 취소되는 등 생활상의 불이익을 받곤 합니다.

자, 이렇게 보면, 정치에 관심을 가져봤자 남는 건 불이익과 낙인뿐이라는 생각이 들 법도 하죠. 그래서 우리 주변에 정치에는 관심 끄고 먹고살 일이나 걱정하는 게 낫다고 믿는 자칭 '현실주의자들'이 넘쳐나는 겁니다.

정치인에 신물이 난 사람들

그다음 유형은 정치인들이 꼴 보기 싫다고 부르짖는 사람들입니다. 대한민국은 민주공화국이죠? 따라서 정치인들이라면 '공

면접관이 정치적 견해를 물어요.
어떻게 대답해야 할까요?

여당스럽게?
야당스럽게?

어떻게 대답하든 여러분에게는
낙인이 찍힙니다.

화국(res publica: 공적 업무)'의 어원에 충실하게 사익을 버리고 공익을 위해 일해야 합니다. 하지만 정치인들 중에 그런 분들이 참 드물죠. 정치인들은 목욕탕에서 때를 밀어도 다 정치적 이유에서 밉니다. 물론 사익 추구 자체를 비난해선 안 됩니다. 정치는 성인聖人들이 하는 것이 아니기 때문입니다.

문제는 그들이 추구하는 사익이 공익에 부합해야 한다는 겁니다. 양자가 서로 충돌할 때는 어떻게 해야 할까요? 정치인이라면 당연히 공익을 추구해야 합니다. 그런데 우리나라에서 이런 경우를 보기는 정말로 힘듭니다.

대의민주주의라는 말 들어보셨죠? 말 그대로 대표를 뽑아 그들이 우리 뜻을 대변해 체제를 이끌어가도록 하는 제도란 것인데요. 여러분은 우리나라 국회의원들이 여러분을 대의한다고 느끼세요? 아니죠. 그러다 보니 간극이 생기는 겁니다.

그분들, 선거 때마다 "우리가 남이가?" 하는데, 남입니다. 여야 의원들이 서로 싸우잖아요? 사실, 여야끼리 친해요. 오히려 지역 구민들이랑 안 친하죠. 카메라 앞에서는 여야가 매일 싸우는 것 같지만, 카메라가 지나가면 언제 그랬냐는 듯 여야를 막론하고 수다를 떱니다.

우리들은 매일 이런 장면을 반복적으로 목격합니다. 그러다 보니 아예 정치에 신물이 나서 관심조차 갖기 싫어지죠.

자칭 쿨한
사람들

　세 번째 유형은 앞의 두 유형보다 증세가 더 심각합니다. 정치에 관심을 갖지 않는 게 아예 '쿨하다'고 생각하는 사람들이 있어요. 최근 젊은이들 사이에서 이런 유형을 많이 보게 되는데요. 정치에 무관심한 수준을 넘어 아예 정치 이야기를 꺼내지 않는 게 쿨해 보인다고 믿는 문화가 어느 정도 자리를 잡아가고 있는 게 아닌가 싶습니다.

　사실 정치 이야기를 하다 보면, 사람이 치열해지게 마련이죠. 그런 열정이나 격정은 이른바 '쿨한' 감성과 꽤 거리가 먼 것이기도 합니다. 정치적 논쟁을 하다 보면 교우관계는 물론이고 심지어 가족 관계까지도 망가지기 십상입니다. 실제로 정치에 대한 과도한 관심은 주위 사람들을 피곤하게 만드는 경향이 있지요.

　이렇게 정치 걱정을 하느니 밥 걱정부터 하겠다는 분들, 정치인들을 쳐다만 봐도 열부터 받는다는 분들, 정치 얘기하는 게 쿨하지 않아 보인다는 분들이 어느새 우리나라에 꽤 많아졌습니다. 아니, 이런 분들이 그렇지 않은 분들보다 더 많을 수도 있겠네요. 이 분들의 이야기를 지금부터 반박해야 하는데, 솔직히 자신이 없어요. 그럼에도 불구하고 정치에 관심을 가져야 한다고 설교해

봤자, 기껏해야 '꼰대'라는 소리를 들을 게 뻔하거든요.

저는 정치를 하고 있습니다. 물론 직업적 정치인은 아니지만, 저는 한 정당의 당원으로서 당비를 내고 때로 당을 위해 일합니다. 당에 대한 충성심이 있어요, 제법 강하죠. 그래서 "당이 결심하면, 우리는 한다"라고 종종 농담을 하기도 합니다.

지금부터 정치를 싫어할 충분한 이유들이 있음에도 불구하고, 제가 왜 정치적 활동을 하는지 그 이유를 설명해드리겠습니다. 제 이야기가 타당하다 생각하시면 받아들이시고, 그렇지 않으면 그만두셔도 됩니다.

공동체주의자와 자유주의자

정치란 무엇일까요? 정치에 대한 정의는 크게 두 가지로 나뉩니다. 첫 번째는 바로 공동체주의적 견해이고, 두 번째가 바로 자유주의적 견해입니다.

공동체주의자들은 정치를 무엇보다도 '덕을 실현하는 행위'로 봅니다. 국가를 세우고, 덕을 실현해 인류애를 실현하는 행위란 것이죠. 아리스토텔레스는 인간은 오직 국가 공동체에 참여하여 그 안에서 정치적 활동을 할 때에만 진정으로 인간다워진다고 말했습니다. 그게 바로 "인간은 정치적 동물", 더 정확히 말하면 "인간은 폴리스의 동물"이라는 말의 뜻이지요.

그리스인들이 보기에 인간은 폴리스의 동물입니다. 폴리스 밖에는 두 가지 존재가 있습니다. 하나는 짐승이고, 다른 하나는 신입니다. 인간이 폴리스 안에 있다는 것은 그저 공간적으로 도시 국가 안에 있다는 사실만을 뜻하지 않습니다. 출마나 투표를 통해 폴리스의 정치적 결정 과정에 참여하며 살아간다는 것을 뜻합니다.

공간적으로는 폴리스 안에 살지만, 인간으로 대우받지 못했던 존재가 있었습니다. 바로 노예입니다. 쉽게 말해, 당시 그리스의 민주주의는 오직 자유민들만을 위한 것이었죠. 지금 생각하면 노예제 위에 서 있었던 당시의 민주주의가 끔찍하게 보이지만, 오늘날 우리가 누리는 민주주의는 바로 그런 역사적 한계를 갖고 있던 그리스 민주주의에서 나온 것입니다.

다른 한편, 자유주의자들은 정치를 무엇보다 '이해관계를 조정하는 행위'로 봅니다. 맞죠? 국회에서 일어나는 여러 논쟁은 결국 사회의 여러 계급, 계층 사이의 이권 조정 과정에서 발생하는 것입니다. 중세 같으면 집단 사이의 이권은 전쟁으로 조정(?)하고, 개인 간의 갈등은 결투로 해결했겠지요. 하지만 우리는 의회 민주주의 내에서 토론과 논쟁으로 상이한 이해관계를 조정합니다. 이렇듯 자유주의자가 보는 정치란, 비록 가치관과 이해관계는 서로 달라도 합리적 토론과 논쟁을 통해 현실에서 부딪치는 문제들을 공동으로 해결하여 다수가 만족하는 결과를 만들어내는 기제입니다.

물론 현실에서는 종종 사정이 다릅니다. 가령 우리나라에서는 멀쩡히 해결될 문제도 국회로 들어가면 외려 해결 불가능한 난제가 되어버리거든요. 물론 우리나라만의 문제는 아닙니다. 서구도 오래 전엔 우리와 똑같았죠. 오죽하면 "우리, 논쟁하지 말고 계산합시다"라는 말이 나왔겠습니까? 실제로 우리나라 국회를 바라보면 가끔 이런 생각도 듭니다.

'차라리 국회의 결정 과정을 계산기에 맡기면 어떨까?'

정치란 상식을 형성해가는 과정

지금까지 정치에 대한 공동체주의적 견해와 자유주의적 견해를 소개했는데, 잠깐 이 두 견해의 관계에 대해 살펴보기로 하지요. 자유주의자들 입장에서는 아마도 '국가가 공동선을 추구하는 조직'이라는 공동체주의자들의 견해가 참기 힘들 겁니다. 이를테면 이런 거죠. 얼마 전에 애국주의와 가족주의를 전면에 내세운 영화가 한 편 나왔어요. 천만 관객이 들었다기에 기대를 안고 봤는데, 생각보다 영화의 만듦새가 허술해요. 그래서 영화를 보고 "그 영화, 별로였어"라고 이야기합니다. 그러면 사람들이 뭐라고 하는지 아세요? 애국심이 없다는 겁니다.

이런 장면은 저처럼 자유주의 성향을 가진 사람에게는 매우 불편합니다. 나라 사랑을 하려면 조용히 혼자 하면 될 것이지, 왜 그것을 요란하게 남에게까지 강요해야 하는 걸까요? 참고로, 유신 시절에는 온 국민이 애국가에 맞추어 국기에 대해 경례를 하도록 강요당하기도 했습니다.

이렇듯 공동체주의가 강해지면 전체주의가 됩니다. 전체주의란 모든 구성원이 똑같은 가치를 공유하고 추구하는 겁니다. 나치 시절의 독일이나 지금의 북한과 같은 사회가 그렇죠. 요즘 연일 뉴스의 헤드라인을 장식하는 '이슬람 국가Islamic State, IS'가 이해가 잘 안 되시죠? 그들은 국가 자체를 '이슬람'이라는 종교를 실현하기 위한 기관으로 봅니다. 그래서 자신들의 종교적 신앙을 나라의 모든 성원들이 받아들이도록 강요하고, 거기에 따르지 않는 이들은 잔인하게 처형을 하는 겁니다. 심지어 무슬림 형제들

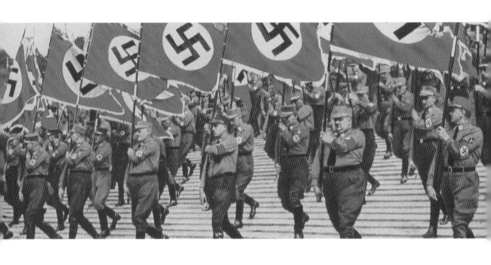

공동체주의가 강해지면 전체주의가 됩니다.
전체주의란 모든 구성원이 똑같은 가치를
공유하고 추구하는 겁니다.
나치 시절의 독일이나 지금의 북한과 같은
사회가 그렇죠. 요즘 연일 뉴스의 헤드라인을
장식하는 IS도 마찬가지입니다.

까지도 그저 종파가 다르다는 이유에서 이교도로 몰아 학살하기도 합니다. 이슬람 국가에서 주장하는 '칼리파트'란 결국 정치에 대한 공동체주의적 견해의 극단적인 형태라고 할 수 있습니다.

이와 달리 정치를 '이해관계의 조정'으로 간주하는 자유주의자들은 가치관의 다양성을 존중합니다. 그들은 개인들 사이에 이념이나 사상이나 종교가 다를 수밖에 없다는 것을 인정합니다. 그것을 굳이 하나로 통일할 필요가 없다는 겁니다. 그러다 보면 특정한 개인이나 집단의 가치관을 타인들에게 강요하게 될 테니까요. 그러니 그 부분은 그대로 놔두고, 그저 서로 충돌하는 이해관계만 조정하면 그만이라는 거죠.

하지만 이런 견해도 너무 강하면, 여러 문제가 발생합니다. 이런 생각을 가진 사람들은 국가가 개인의 가치관을 가지고 시장에 개입해 과세를 하면 안 된다고 말합니다. 국가는 야경국가, 작은 정부가 되어야 한다는 것입니다. 이 경우 사회의 빈부격차가 커지고, 사회가 불안정해지겠지요. 게다가 모든 성원들이 공유하는 가치가 전혀 없다면, 이렇게 서로 갈등하는 계급, 계층을 국가 공동체 안에서 하나로 통합하기 어려워질 것입니다.

사람들의 가치관은 다 다릅니다. 서로 다른 가치관들이 서로 소통하려면, 그것들 사이에 공통분모가 존재해야 합니다. 하지만 그 공통분모는 강요를 통해 얻어져서는 안 되겠지요. 다만 사회의 성원들이 서로 다른 생각을 인정하고, 토론과 논쟁을 통해 차이를 좁혀 합의점을 넓혀갈 수는 있을 겁니다. 그런 방식으로 대다수의 성원이 공동의common 것으로 하기로 합의한 것이 이른바 '상식common sense'입니다.

이렇게 폭력적이지 않은 방식으로, 위에서 아래로가 아니라 아래에서 위로 올라가는 방식으로 사회 공통의 가치관을 마련할 수 있습니다. 그렇게 마련된 가치관은 물론 영원불변의 것이 아니라 시대의 변화에 열려 있어야 하고요. 그저 이해관계를 조정하는 수준을 넘어 사회의 대다수가 합의하는 가치관을 만들어낼 때, 사회가 안정적으로 발전해나가는 것입니다. 저는 이렇게 상식을 형성해가는 과정이 정치라고 생각합니다.

우리나라는 자유민주주의 국가다?

대한민국은 이른바 '자유민주주의'를 표방하고 추구하고 있습니다. 그런데 서로 친화적이지만, 자유주의와 민주주의는 사실 서로 다른 가치입니다.

'자유주의'는 국가나 권력으로부터 '개인'의 자유를 지키는 것을 의미합니다. 내가 죄를 짓지 않는 이상, 국가가 내 계좌를 들여다보면 안 되지요. 자유주의의 근원지라 할 수 있는 곳은 영국입니다. 강력한 시민계급이 등장하여 왕정과 맞서온 영국에서는 국가를 '세금 도둑'으로 바라보는 인식이 강합니다.

반면 '민주주의'는 집단적 평등의 사상으로, 크게 두 가지 원리 위에 서 있습니다. 하나는 인민주권사상입니다. 우리 헌법에 따르면 '대한민국의 모든 권력은 국민으로부터 나온다'고 하지요? 다른 하나는 다수결의 원칙입니다. 다수결은 좋은 제도이지만, 거기에도 문제가 있을 수 있습니다. 자칫 소수의 의견이 무시되어 개인의 자유가 침해되는 일이 발생할 수도 있거든요. 그래서 민주주의는 개인의 자유를 존중하는 자유주의와 항상 짝을 이루어야 합니다. 한마디로 민주주의와 자유주의는 상호보족적 가치라 할 수 있지요.

자유민주주의를 표방하고 있지만, 우리나라 헌법에는 사실 사회주의적인 면도 강하게 존재합니다. 헌법이 제정되던 해방 직후에는 대다수의 국민들이 사회민주주의를 선호했다고 하더군요. 제헌의회에 좌익과 우익이 고루 들어가 있다 보니, 자유민주주의 헌법에 사회주의적 색채가 가미된 거죠. 실제로 우리나라 헌법 자체는 흔히 생각하는 것보다 진보적입니다. 다만, 법률이나 판결이 헌법만큼 진보적이지 못한 겁니다.

때로는 법의 실천이 반동적이기까지 합니다. 가령, 최근 헌법 재판소에서 내린 '정당 해산' 결정을 보죠. 나치 시대에나 있었을 법한 일이 21세기, 자유민주주의를 표방하는 나라 대한민국에서 벌어진 겁니다. 그저 토크 콘서트를 했다고 사람을 구속하고 추방하는데, 어처구니없게도 이 모든 행위가 대한민국 헌법의 이름으로 저질러지고 있습니다. 황당한 일이죠.

'자유주의'에서 말하는 자유에는 두 가지 측면이 있습니다. 하나는 정치적 '표현의 자유'이고, 다른 하나는 경제적 '영업의 자유'입니다. 하지만 우리나라의 자유주의자들은 전자가 아니라 주로 후자만 강조합니다. 결국 남은 것은 '영업의 자유'죠. 우리나라에서 자유주의적 가치는 이렇게 왜곡되어 있습니다.

사실 우리나라처럼 기업가들이 나라를 마음대로 쥐고 흔들 수 있는 나라도 없을 겁니다. 민주주의도 마찬가지입니다. 형식적으로는 평등하다고 하나, 내가 가진 한 표와 삼성 이건희 회장이 가진 한 표의 무게가 같을까요? 다르죠. 대한민국의 모든 권력은 실은 국민이 아니라 기업에서, 그것도 대기업에서 나옵니다. 원래 우리 헌법에는 법적, 형식적 평등을 넘어서는 실질적 평등의 요구가 담겨 있습니다. 결국 자유주의와 민주주의적 가치 모두 우리 헌법의 정신과 비교하면 많이 왜곡되어 있는 상태라 할 수 있는 것입니다.

우리가
고통받게 된 이유

지금 우리가 받는 고통은 바로 이 왜곡에서 비롯됩니다. 서구에 비해 우리 사회는 사회보장제도가 거의 없는 것이나 다름없습니다. 한마디로, "너희가 다 알아서 해"라고 말하는 체제죠. 교육이건 의료건 노후 보장이건 국가는 되도록 책임을 지지 않으려고 합니다.

사회국가를 표방하는 유럽에서는 대학까지 무상 교육을 보장합니다. 반면, 우리나라에서는 국가가 아니라 부모들이 자녀의 대학 등록금을 모두 책임져야 하죠. 그런데도 기업에서는 대학에 맞춤형 인재를 키워내라고 요구합니다. 기업에 꼭 맞는 인재를 생산하는 게 대학의 역할이라면, 당연히 그 비용은 수혜자인 기업에서 대야지요, 왜 부모가 댑니까? 심지어 교수들에게 학생들을 취업시키라는 지령이 떨어집니다. 아니, 기업은 뭐하고 일자리까지 교수가 만들어야 하나요? 사회가 이 정도로 왜곡되어 있는 실정입니다.

예전에는 최소한 평생 고용의 약속이 있었어요. 일단 취직만 하면 정년 보장이 됐던 거죠. 그 덕분에 사회보장 없이도 버틸 수 있었던 겁니다. 그런데 그 암묵적 약속이 1997년 IMF 사태와 더 불어 깨집니다. 시장에서 알아서 살아남으라는 거죠. 사회보장이 없는 상태에서 평생 고용의 지침마저 깨져버린 겁니다. 그 결과 우리나라는 이른바 '위험 사회'가 됩니다. '이태백'이니, '사오정'이니 하는 유행어들과 함께 우리의 고통도 시작되죠. 이른바 IMF 이후 '신자유주의' 정책의 결과로, 중산층이 참혹하게 붕괴됩니다. 가진 사람은 더 많이 갖게 됐고, 못 가진 사람은 훨씬 덜 갖게 된 것입니다.

여기서 한번 물어봅시다. 가진 자들이 정말 전보다 더 열심히 일하거나 혹은 갑자기 더 큰 능력이 생겨서 더 많이 가지게 된 걸까요? 못 가진 자들이 전보다 노력을 덜하거나 혹은 갑자기 능력이 떨어져서 못 가지게 된 걸까요? 당연히 아닙니다.

이 모두는 게임의 규칙이 바뀌었기 때문에 벌어진 일입니다. 그러니 이를 바로잡으려면, 게임의 규칙부터 다시 세워야겠죠. 그렇다면 게임의 규칙은 누가 만드는 것일까요? 바로 정치입니다. 사실 이번 정권에서도 문제의 심각성을 알았습니다. 박근혜 대통령이 애초 내세웠던 게 '복지 강화' '경제 민주화'입니다. 그런데 당선되고 나니 어떻게 됐죠? 입을 싹 씻어버렸습니다. 게임 규칙을 만드는 분들이 잘 하는 이야기가 있습니다. 바로 "기업들 혹은 부자들이 더 부유해지면, 아래로 떡고물이 떨어진다"는 겁니다. 이른바 '낙수 효과'라고 하지요. 그런데 어찌된 일인지 이분

기업들 혹은 부자들이 더 부유해지면
아래로 떡고물이 떨어진다,
이른바 '낙수 효과'라고 하지요.
그런데 어찌된 일인지 이분들은
그렇게 떡을 드시면서도
고물 하나 안 흘려요.
당최 뭐가 내려오질 않습니다.

들은 그렇게 떡을 드시면서도 고물 하나 안 흘려요. 당최 뭐가 내려오질 않습니다.

낙수 효과마저 통하지 않는 상황, 왜 이렇게 됐을까요? 바로 우리가 내린 정치적 결정 때문입니다. 그렇다면 우리는 왜 그런 결정을 내렸을까요?

참 재미있는 게 있는데요. 우리나라의 투표 상황을 보면, 고전적인 마르크스주의 이론이 전혀 맞질 않습니다. 가장 잘사는 강남 사람들과 가장 못사는 사람들의 투표 결과가 일치하거든요. 강남 사람들은 세상을 너무 잘 알아서 자기 계층의 이익에 맞는, 이른바 '계급 투표'를 합니다. 반면 가장 가난한 분들은 그냥 변화가 싫어서 보수당을 찍습니다.

사회가 아무리 좋은 방향으로 변한다 해도, 과도기에는 필연적으로 혼란이 따르게 마련입니다. 그 혼란은 시간이 어느 정도 흐르면 극복되지만, 경제적으로 너무 여유가 없는 이들은 그 짧은 혼란도 참기가 어렵지요. 그러다 보니 자연히 일체의 변화를 거부하는 보수적인 태도를 갖게 되는 것입니다. 이렇듯 가장 잘사는 사람들과 가장 못사는 사람들이 일치하여 '신자유주의' 정책을 주도하는 정당을 지지하다 보니 중산층이 무너지게 되고, 그에 따라 사회는 이념적으로 극단화되어버립니다.

시간이 거꾸로
흐르는 이유

　요새 보면 나라가 갑자기 70년대로 돌아간 것 같다는 생각이 들지 않나요? 최근 흥행 돌풍을 일으킨 영화들을 보면, 주제가 '충성' 아니면 '효도'입니다. 문화의 다른 영역에서도 복고풍이 유행하고 있지요. 도대체 왜 이런 현상이 벌어질까요? 저는 이런 현상이 우리의 정치적 결정에 따른 사회 변동의 결과라고 봅니다. '미래'가 보이지 않다 보니, 유일하게 허용된 시간인 '과거'로 눈이 향하게 되는 거죠.

　비정규직이 늘어나고 있습니다. 값싼 노동력을 맘껏 부려먹으려는 기업의 요구에 따른 결과일 겁니다. 물론 경우에 따라 비정규직은 필요합니다. 그런데 같은 비정규직이라 해도 나라에 따라 처우는 다릅니다. 서구에서는 과거에 3개월만 해당 인력이 필요할 경우에도 그 인력을 1년 동안 고용해야 했어요. 3개월만 쓸 인력에게 1년 치 봉급을 지급하는 것은 당연히 비효율적이죠. 그래서 비정규직을 도입한 겁니다. 하지만 서구에서는 비정규직 노동자가 일하는 그 3개월 동안은 임금을 제대로 받습니다. 심지어 정규직에 비해 받는 불이익을 충당하기 위해 시간당 임금은 외려 정규직보다 더 많이 받곤 하지요.

우리는 사정이 다릅니다. 1년 내내 필요한 인력을 비정규직으로 만들어, 정규직과 똑같은 생산 라인에 투입하면서도 임금을 절반밖에 안 줍니다. 이는 고용 유연화가 아니라 사실상 임금 착취죠. 비정규직 차별은 만인의 평등을 이야기하는 민주주의 원리를 정면으로 부정하는 행위입니다. 결국 비정규직 양산이 우리 사회를 근대 민주주의 이전의 신분 사회로 되돌리고 있는 셈입니다.

이 역사적 퇴행을 극명하게 보여주는 것이 이른바 '갑질' 문화입니다. 최근 '땅콩 회항' '라면 상무' '장지갑 회장' '매값 폭행' 등 일명 갑질의 극한을 보여주는 사건들이 줄지어 발생하고 있지요? 이는 매우 징후적인 현상들입니다. 근대 자본주의 사회에서 사용자와 노동자는 대등한 인격으로 노동력을 사고파는 '계약'의 당사자들이지요. 하지만 '갑질' 사건의 바탕에는 노동자를 자신과 대등한 인격이 아니라, 자신에게 인격적으로 예속된 노비 정도로 바라보는 시선이 깔려 있습니다. 한마디로 사회가 반상의 구별이 있던 조선 시대로 돌아간 것입니다.

우리가 이룩한 자유민주주의를 사회적 민주주의로 발전시키지 못하면서, 개인의 인권이라는 자유주의적 가치와 만인의 평등이라는 민주주의적 가치마저 퇴보시키는 일이 벌어지고 있습니다. 그런데 이 모두가 결국 우리가 스스로 내린 정치적 결정들의 결과들입니다. 정치가 멀리 있는 게 아니에요. 우리가 어떤 잘못된 생각으로 결정을 내렸거나 혹은 그 결정에 참여하지 않음으로써 이런 결과가 나온다는 겁니다.

이길 수 있는 게임인가

생각해보세요. 제가 이런 말을 하면 '선동'이라고 하는데, 이왕 말을 들은 김에 선동 좀 해봅시다. 여러분은 하라는 대로 다 했어요. 대학, 학점, 토익 등 스펙을 쌓으라고 해서 미친 듯이 준비했어요. 그런데 그렇게 완벽히 준비를 했는데도 취직이 안 된다면? 그것은 여러분의 책임이 아니라, 뭔가 다른 데에 문제가 있는 거죠. 개인이 책임을 다했는데도 풀리지 않는 일이 있다면, 그것은 사회의 책임으로 봐야 합니다. 그러면 여러분은 이런 생각을 해야 해요.

"게임 규칙이 제대로 되어 있는가?"

야바위꾼들이 벌여놓은 판을 보면 처음에는 이길 것 같죠. 연습으로 할 때에는 여러분이 이깁니다. 그러다 본격적으로 돈을

아무리 해도 이길 수 없다면,
한 번쯤 이런 생각을 해야 합니다.
"이게 애초에 내가 이길 수 있게
디자인된 게임인가?" 한번 생각해보세요.
이것이 정말 중요한 생각 수업입니다.

걸면, 계속 지게 됩니다. 아무리 해도 이길 수 없다면, 한 번쯤 이런 생각을 해야 합니다. '이게 애초에 내가 이길 수 있게 디자인된 게임인가?'

우리 사회는 삶을 왜 이런 게임으로 만들까요? 삶을 다른 규칙으로 조직할 수는 없을까요? 한번 생각해보세요. 이것이 정말 중요한 생각 수업입니다.

얼마 전 종영한 jtbc 프로그램 〈속사정 쌀롱〉에서 제가 다음 이야기를 했더니 굉장히 많이 리트윗이 됐습니다. 제가 독일에서 잠깐 독일 아이들에게 한글을 가르쳤던 적이 있어요. 당시 교장 선생님이 운동회 때 할 재미난 게임을 마련해오라고 해서, 저는 우리나라에서 흔히 하는 짝짓기 게임을 준비해갔습니다. "둥글게 둥글게~" 노래를 부르다가 제가 호루라기를 불며 "몇 명!"을 외치면 그 숫자만큼 아이들이 짝을 지어 끌어안고, 짝이 찾지 못한 아이들은 탈락하는 게임이었죠. 이윽고 게임이 막바지에 다다라 아이들이 4명 남았을 때였어요. 다같이 "둥글게 둥글게~" 노래를 부르다가 제가 "3명!"이라고 외쳤습니다. 그런데 아이 4명이 서로 부둥켜안은 채 떨어지질 않는 거예요. 왜 그러느냐고 물었더니 서로를 쳐다보며 이렇게 말하는 겁니다.

"다 친구인데 누구를 떨어뜨려요?"

그 순간 저는 '내가 지금 이 아이들에게 뭘 가르치고 있는 거지?' 하는 생각이 들었어요. 그 아이들과 우리나라 아이들 모두 유전자는 같아요. 그런데 왜 우리 사회에서는 짝짓기 게임이 아무렇지 않게 행해지는 걸까요? 바로 게임의 규칙 그 자체, 사회의 구성 방식이 다르기 때문인 겁니다.

당신이 정치에 관심을 거둔 사이에

우리에게는 법적-형식적 민주주의는 있을지 몰라도 실질적 민주주의는 없습니다. 우리는 평등한가요? 아니요, 그렇지 않습니다. 사회에는 갑질이 난무합니다. 실질적 민주주의가 뿌리 내린 사회에서는 있을 수 없는 일이죠. 땅콩 회항 사건 좀 보세요. 말도 안 되는 일이죠. 노동자와 회사는 엄연한 계약 관계인데, 사용자가 노동자를 머슴 다루듯 했죠. 대등한 인격 사이의 계약인데 말입니다. 이는 사용자와 노동자가 사실상 대등하지 않다는 것을 보여줍니다. 수많은 갑질이 다 이런 식입니다.

그러면 노동자가 사용자와 실질적으로 대등해지기 위해선 어떻게 해야 할까요? 말이 계약이지, 사실 노동자 '개인'은 사용자와 대등할 수가 없습니다. 양자가 대등하려면, 노동자가 자신들을 '단체'로 조직해야 합니다. 그렇게 해서 만들어진 것이 바로 노동조합이죠. 이른바 노조를 통해 '단체 교섭'을 할 때, 노동자는 자신의 경제적 이권은 물론이고 인격도 존중받을 수 있습니다. 그런데 우리나라는 노조 조직률이 채 10퍼센트가 안 됩니다. 대기업에서 노조를 조직한다? 난리가 납니다. 천하의 몹쓸 짓을 하기라도 한 것처럼, 온갖 비난에 시달립니다. 이런 것이야말로 진정한 의미에서 '정치적' 문제입니다.

다른 나라는 어떨까요? 우리나라 언론 대부분은 노조에 대해 온갖 부정적인 이야기를 해댑니다. 심지어 한 일간지에서는 우리나라 이야기도 모자라 '현재 독일 정부가 강성 노조 때문에 고민이 이만저만이 아니다'라는 뉘앙스로 기사를 쓰기도 했습니다. 이 기사를 본 독일 대사관이 그 신문사에 바로 반박문을 보내서 "강력한 노조는 독일 기업의 강력한 경쟁력 요소"라고 주장했습니다. 우리나라에서는 나이든 노동자를 해고하는 것을 흔히 '경영 효율화' 혹은 '고용 유연화'라고 부릅니다. 하지만 독일에서는 숙련 노동자를 해고하는 것을 '노하우의 상실'이라 부르죠. 경험과 지식을 갖춘 노동자가 기업을 떠나는 것 자체가 기업 입장에서 큰 손실이라는 겁니다.

한국에서는 노동자를 다른 노동자로 얼마든지 대체할 수 있는 존재라고 생각하지만, 독일은 노동자 개개인의 빛나는 가치를 인정합니다. 노동자들을 경제 발전의 '주체'로 존중해주는 거죠. 하지만 한국에서는 오직 'CEO 리더십'에 대해서만 이야기합니다. 독일에서는 중요한 결정을 내릴 때 노동자와 사용자가 함께합니다. 주요 정책 결정 과정에 참여한 노동자는 자신이 몸담은 기업에 더 큰 책임감을 느끼게 되고, 이로써 기업의 생산성은 훨씬 높아집니다. 이렇게 노동자를 투입 요소로만 보는 우리나라의 문제, 독일처럼 노동자를 기업과 경제의 공동 주체로 보지 않는 문제, 이 역시 저는 '정치적' 문제라고 생각합니다.

노동자와 사용자 사이만이 아니라 기업과 기업 사이에도 문제가 많습니다. 공정 거래란 게 없어요. 중소기업이 기술 혁신을 해서 생산 원가를 떨어뜨렸다고 해보죠. 그것은 중소기업이 노력해서 거둔 성취입니다. 그런데 이런 일이 생기면 어김없이 회계 감사가 들어와 대기업에 들어가는 제품의 납품가를 깎아버립니다. 결국 기술 혁신으로 얻은 이윤이 온전히 대기업의 몫으로 넘어가 버리죠. 이런 상황에서 중소기업이 더 이상 혁신을 하고 싶을까요? 혁신의 동기가 사라진 상황에서 혁신이 가능할 리 없습니다. 또 이런 상황에서 과연 기술 생태계가 유지될까요? 아니죠. 중소기업 입장에서 보면, 괜히 기술 혁신에 돈을 쓰느니 그냥 대기업이 원하는 걸 되도록 싼 값에 만들어 납품하는 게 나을 겁니다.

이 정부 들어와서 '창조 경제'라는 말을 참 많이 듣게 되는데요. 말이 필요 없습니다. 창조 경제를 위한 전제조건은 공정 거래 질서의 확립입니다. 한마디로 대기업의 갑질을 막아야 한다는 겁니다.

그런데 이게 잘 안 됩니다. 왜? 바로 정치가 왜곡돼서 그렇습니다.

노무현 전 대통령은 "권력은 시장으로 넘어갔다"라고 말한 바 있습니다. '공익'을 위해야 할 정치마저 '사익'을 추구하는 대기업들의 손에 넘어갔다는 얘기겠지요. 정치란 결국 사회라는 게임의 규칙을 쌓아가는 것입니다. 현재도 게임의 규칙은 계속 생겨나고 있습니다. 입법부에서, 행정부에서, 사법부에서 새로운 놀이의 규칙들을 부지런히 만들어내고 있지요. 하지만 국민들은 자신들의 운명을 결정할 그 놀이의 규칙들에 대해 얼마나 알고 있을까요?

우리가 정치에 관심을 거둔 사이, 그분들은 자신들에게 유리한 게임의 규칙을 열심히 만들어내고 있습니다. 심지어 그것으로도 모자라 그 최소한의 규칙조차 지키지 않으려 합니다. '불법'이니, '편법'이니 하는 말이 그래서 나오는 거죠. 그러다 걸려도 제대로 처벌을 받지 않습니다. 법원에서 알아서 처리해주니까요. 불기소 아니면 집행유예, 어쩌다 구속돼도 곧 형집행정지로 가석방. 이런 규칙인 겁니다. 지금 이 순간에도 수많은 법안이 생겨나고, 수

많은 판결이 내려지고 있습니다. 그렇게 만들어진 규칙이 우리를 지배하고 있고요.

정치적 상상력이 필요할 때

'인턴이 끝나면 정규직으로 전환될 것이다.'

완전한 거짓말은 아니죠. 실제로 인턴 100명 중에서 한두 명은 정규직으로 뽑아요. 오로지 100명 중 한두 명만이 누릴 수 있는 게임이죠. 그런데 우리는 바보처럼 이 말도 안 되는 게임을 계속합니다. 마치 영화 속 '헝거 게임'처럼요. 이런 시스템을 바꿔야 합니다.

민주주의의 본질은 자치의 원리, 즉 '자기가 자기를 다스린다'는 데에 있습니다. 아는 것이 힘이고, 지식이 권력인 겁니다. 그래서 보통 교육이 도입된 이후라야 비로소 민주주의가 가능한 것이고요. 만약 알아야 할 것에 눈을 감는다면, 그래서 지식-권력을 갖지 못한다면, 결국 자기가 자기를 통치하지 못하게 됩니다. 그 결과는? 남이 자기를 다스리게 허용하는 거죠.

정치에 관심을 끊는 것은 우리 삶을 새로이 조직할 수 있는 가

정치에 관심을 끊는 것은 우리 삶을
새로이 조직할 수 있는 가능성을 포기하고,
그저 남이 내 운명을 결정하게
두는 행위와 같습니다. 남이 만들어놓은
매트릭스 안에서 끊임없이 헝거 게임을
하겠다는 것과 다름없습니다.

능성을 포기하고, 그저 남이 내 운명을 결정하게 두는 행위와 같습니다. 남이 만들어놓은 매트릭스 안에서 끊임없이 헝거 게임을 하겠다는 것과 다름없습니다.

지금 우리에게 필요한 것은 정치적 상상력입니다. 우리는 웬일인지 정치적 상상력이 막혀 있습니다. 왜일까 생각해보니, 대한민국이 사실상 섬이라 그런 것 같습니다. 물론 지리학적으로는 삼면이 바다인 반도 지형이지만, 위가 휴전선으로 막혀 있으니 섬처럼 바다 위에 떠 있는 것과 마찬가지입니다. 자신과 비교할 이웃이 없어요. 그래서 시간적으로는 '과거'와 비교를 하게 되지요. 그래도 과거보다는 잘산다는 겁니다. 자연히 '보릿고개를 넘기게 해준 그분'을 끊임없이 찬양하게 되는 거죠. 공간적으로는 '북한'과 비교합니다. 그래도 북한보다는 잘산다는 겁니다. 그래서 현 상황을 비판하면, 곧바로 '종북'이라는 공격을 받습니다.

우리는 현재 여러 문제로 고통받고 있죠? OECD 국가들 가운데 나쁜 걸 매기는 조사에서는 늘 상위권을 놓치지 않고요. 그런데 그걸 지적하면 '선동'을 한다느니, '좌빨'이라느니 하며 아예 말도 못 꺼내게 합니다.

지금 필요한 것은 소득 주도의 주체적인 성장입니다. 결국 소득 구조를 바꿔야 하는데, 외려 비정규직의 수를 늘리는 정치적 결정들이 내려지고 있습니다. 고령화와 인구 감소에 대비해 복지

60대 이상 세대들의 의사가
과잉 대표되다 보니, 사회가 자꾸 과거로
되돌아갑니다. 그분들이 최선의 선택이라
믿는 것이 젊은 세대들에겐 최선의
선택이 아닐 수도 있다는 겁니다.

를 늘려야 하는데, '선별적 복지'라 해서 외려 복지의 범위를 줄이는 정치적 결정들이 내려지고 있습니다. 다시 한 번 말하지만, 이는 그분들에게 그런 그릇된 정치적 결정을 하도록 내버려둔 우리모두의 정치적 무관심이 빚어낸 사태입니다.

이 사회의 문제는 정치적 결정을 내릴 때 모든 연령층이 고루평등하게 의견을 내지 않는다는 데 있습니다. 요즘 투표 열심히하는 분들은 대체로 60대 이상입니다. 저는 그분들을 존경합니다. 그분들은 적어도 투표장에 나와서 자기 의사를 대변해줄 사람을 뽑는 데 큰 관심을 보입니다. 나름대로 애국하시는 거죠. 문제는 그 '애국'의 관념이 그분들의 연세만큼이나 낡았다는 데 있습니다. 60대 이상 세대들의 의사가 과잉 대표되다 보니, 사회가자꾸 과거로 되돌아갑니다. 그분들이 최선의 선택이라 믿는 것이젊은 세대들에겐 최선의 선택이 아닐 수도 있다는 겁니다.

그래서 정치적 상상력을 가지고, 정치적 활동에 참여하는 게중요합니다. 사람들이 가끔 제게 정치할 거냐고 묻습니다. 그런질문을 들으면 저는 "이미 하고 있잖아"라고 답합니다. 꼭 정당에가입하거나 직업 정치인이 되어야 정치를 할 수 있는 것도 아닙니다. 투표에 반드시 참여하고, 여러 사회적 사안을 다루는 시민단체에서 활동하는 것도 직접 민주주의를 강화하는 방법입니다. 정치는 늘 해야 합니다.

저는 모든 사람들이 이중 국적을 가졌다고 생각해요. 공적인 측면에서는 국가 공동체의 일원이고, 사적인 측면에서는 시장 경제의 일원이지요. 한편으로, 자신과 가족을 위해 사적인 영리활동을 하면서 동시에 국가 공동체의 일원으로서 사회의 공적 과정에 적극적으로 참여할 때 비로소 사람은 반쪽짜리에서 벗어나 온전해질 수 있다고 믿습니다. 이것이 제 존재의 미학이기도 하고요. 그 욕을 먹어가면서 정치에 참여하는 이유이기도 합니다.

오늘 제 이야기를 들으시고 다시 한 번 곰곰이 생각해보셨으면 합니다. 우리가 왜 정치에 관심을 가져야 하는지 말입니다. 제 이야기가 여러분이 그런 생각을 하게 되는 조그만 단초가 되었으면 좋겠습니다.

Q 저는 평소 정치에 관심 없던 사람이었는데, 교수님 이야기를 통해 관심을 갖게 됐습니다. 감사합니다. 지금 이야기와는 관련이 없지만, 교수님이 미학자이시니 이런 질문을 던져보고 싶습니다. 우리는 왜 미학에 관심을 가져야 할까요?

A 관심을 가져야 할 이유, 없습니다. 미학은 여러 학문 중의 하나일 뿐이에요. 모든 사람이 미학에 관심을 가질 필요는 없지요. 다만 저는 미학이 '미래의 경제학'이 될 거라고 말합니다. 오늘날에는 기술도 창의성이 없으면 단순한 기능으로 전락합니다. 사실 이 시대에는 물리적 생존을 하는 데 많은 돈이 들지 않아요. 대부분의 소비는 가상적이거든요. 스마트폰 통신료까지 최저 생계비 항목으로 들어가지 않습니까? 결국 경제 활동에서도 필요한 것은 스토리텔링, 남과 다른 발상 같은 것인데요. 스티브 잡스를 떠올리시면 이해가 빠를 겁니다. 이렇게 봤을 때, 앞으로 기술과 예술의 결합이 무엇보다도 중요해질 것입니다. 21세기에는 예술이 산업과 하나가 됩니다. 요즘 여러분 세대는 시보다 광고 카피에서 영감을 받고, 게임을 통해 서사를 경험하며, 스마트폰 디자인을 통해 미감을 형성하지요. 반드시 미학에 관심을 가질 필요는 없지만, 이렇게 미학은 고립된 영역에서 벗어나 먹고사는 문제, 경제와 밀접하게 결합되고 있는 상황입니다. 그러니 당연히 관심을 가지면 좋겠죠.

Q 저희 같은 젊은 세대들을 제일 크게 지배하는 게 바로 비관주의 같습니다. 이런 친구들에게는 어떤 말을 해도 먹히질 않아요. 정말로 생각을 포기한 듯한 이 친구들의 머릿속을 바꾸려면 어떻게 해야 할까요?

A 그건 저도 못 바꿉니다. 그보다는 남을 바꾸기 전에 나 자신을 바꿔야 한다고 생각해요. 제가 지지하는 정당은 소수 정당입니다. 그저 나 자신이 해결책이라고 생각하는 것에 끝까지 열정을 바치고, 그러다 보면 언젠가 타인들의 생각을 바꾸어 사람을 모을 수 있을 것이라 기대하고 소망하는 것뿐이지요. 눈덩이를 굴릴 때 핵이 필요하지요? 나부터 그 핵이 되겠다는 생각이 중요합니다. 이미 생각이 굳은 성인들을 논리적으로 설득하기란 어려울 겁니다. 그러니 나부터 바꾸고, 나 같은 사람을 모아 함께 할 일을 찾아보고, 그 일을 통해 가능성을 보여줌으로써 다시 사람들을 끌어 모으는 거죠. 이건 제 개인적인 희망에 불과할 수도 있지만, 저는 그렇게 될 수 있다고 믿고 계속 그렇게 해나가려고 합니다.

나는 내 삶의
주인으로 살고 있는가

by 고미숙

두려움과 충동, 이 두 가지가 삶의 주인으로 살아가는 것을
가로막는 장애물이라는 점을 알았다면 이제 이것들을 하나씩 면밀히 따져보아야 합니다.
그래야 삶의 주인이 되는 길을 발견할 수 있습니다.

안녕하세요, 고전평론가 고미숙입니다.

저와 함께할 생각 수업의 주제, 보이시죠? "나는 내 삶의 주인으로 살고 있는가?" 제가 던진 이 질문의 답을 생각해보는 이번 수업이 여러분의 몸을 충만하지만 편안하게 릴렉~스해주는 시간이 됐으면 좋겠습니다.

동양적 관점에서 보면, 공부를 한다는 것은 몸의 힘을 빼는 것입니다. 긴장을 해서는 절대로 고수가 될 수 없어요. 내 몸의 경직성이 커질수록 타인은 물론 세상과 소통할 수 없기 때문입니다. 따라서 배운다는 것은 궁극적으로 천지와 소통한다는 의미이고, 여러분이 릴렉스된다는 뜻입니다.

또한 동양적 관점에서 깨달음은 유동하는 마음을 갖는 것을 의미합니다. 존재가 유동성을 가질 때 더 큰 세상, 더 많은 타자와 소통할 수 있는 것이죠.

두려움과 충동,
삶의 노예를 만드는 두 가지

최근 인문학 붐이 일고 있긴 하지만, 여러분이 동양사상과 만나는 경우는 흔치 않은 편입니다. 그래서 이번 시간에는 특별히 동양 사상의 관점에서 질문을 던지려고 합니다.

"내 삶의 주인으로 살고 있는가?"라는 질문을 조금만 비틀어보죠. '삶의 주인'이라는 말의 반대는 '삶의 노예'입니다. 그렇다면 이런 질문도 가능할 것입니다.

"내 삶의 노예로 살고 싶은 자도 있는가?"

단언컨대, 그런 사람은 없습니다. 그러나 노예가 되는 길은 무척 쉽고, 주인이 되기는 어려운 것이 현실입니다.

삶의 주인이라는 말을 할 때 여러분은 많은 이미지를 떠올릴 것입니다. 현대인들은 보통 학벌, 직업, 서열을 떠올리면서, 자신이 이로부터 소외되었으니 주인이 되기 어렵다고 단정하곤 합니다. 이런 논리라면 우리나라에서는 그럴듯한 스펙과 중상류층에 진입한 사람들이 삶의 주인이어야 맞습니다. 하지만 실제로는 그렇지 않죠. 그런 식의 외적 접근으로는 내가 삶의 주인인지 여부를 알 수가 없습니다. 내적인 접근을 통해 삶의 주인이 되는 것을 가로막는 것이 무엇인지 하나하나 따져야 합니다. 이것이 바로 동양적 공부입니다.

내가 삶의 주인이 되는 것을 가로막는 장애물이 무엇일까요? 정서적 흐름으로 설명하자면, 하나는 두려움, 다른 하나는 충동인데요. 이 둘은 서로 연결되어 있기도 합니다.

무언가를 하고 싶어 할 때, 누군가가 하지 못하게 하거나 할 수 없는 것이란 생각이 들면 지레 겁을 먹고 포기하게 되는데요. 이것이 두려움입니다. 그런가 하면 수업을 받으러 가려고 집을 나서다가 문득 '신상'이 떠올라 백화점에 가서 쇼핑을 하는 사람, 이 사람을 가로막은 것은 내적 충동입니다. 공부를 하려고 책상에 앉았는데 '여친' '남친'이 불러내는 경우도 있죠. 또 도서관에서 고전을 읽으며 나를 충전하려고 할 때 오랜만에 친구가 전화해 고민 상담을 청해온다면, 여러분은 자신의 욕구가 어디를 향하는지에 대해 인식하고 일종의 선택을 요구받게 됩니다. 이 욕구가 바로 충동입니다.

두려움과 충동, 이 두 가지가 삶의 주인으로 살아가는 것을 가로막는 장애물이라는 점을 알았다면, 이제 이것들을 하나씩 면밀히 따져보아야 합니다. 그래야 삶의 주인이 되는 길을 발견할 수 있습니다.

두려움의 원인: 억압과 소외 그리고 생로병사

먼저 두려움에 대해 따져보겠습니다.

두려움은 왜 발생하는 것일까요? 먼저 흔히들 말하는 사회 구조에서 오는 억압과 소외를 생각해볼 수 있습니다. 내가 구조적으로 을의 위치에 있고, 자유가 억압당할 만한 조건에 놓여 있을 때 우리는 두려움을 느낍니다. 우리는 보통 이런 경우가 사회 구조나 제도에 따른 결과라 생각하지만, 사실 이는 가족 관계나 친구 관계에서도 언제든 있을 수 있는 일입니다.

권력 관계가 형성되는 가장 좋은 예는 바로 연인 사이에서입니다. 누가 더 사랑하느냐에 따라 강자와 약자, 주인과 노예가 결정됩니다. 사랑만큼 우리를 살아가게 하는 원동력도 없지만, 그것만큼 우리에게 위험한 것도 또 없습니다.

두려움과 충동,
이 두 가지가 삶의 주인으로 살아가는 것을
가로막는 장애물이라는 점을 알았다면
이제 이것들을 하나씩 면밀히
따져보아야 합니다.
그래야 삶의 주인이 되는 길을
발견할 수 있습니다.

권력 관계를 제대로 살펴보지 않으면, 두려움과 충동이 뒤섞여 나를 잃어버릴 수도 있습니다. 내가 누군가를 사랑할 때, 내가 외부의 도덕이나 사회적 상식, 정서, 법질서에 의해 규정될 때, 개인은 무력하기 때문에 자기 결정권을 갖지 못합니다. 이 점이 우리 안의 두려움을 불러옵니다.

그런데 동양 사상에서는 이보다 더 근원적인 두려움의 원인을 생로병사生老病死에서 찾습니다. 인간이라면 누구나 태어난 순간부터 생로병사의 길로 접어들게 마련입니다. 태어난다는 것은 곧 죽음을 향해 가는 과정인 셈이죠. 우리의 몸은 잠시도 멈춰 있지 않습니다. 세포들이 그렇죠. 수많은 세포들이 태어나지만, 또 그 이상의 세포들이 죽어갑니다. 그런 점에서 우리는 매일 죽고, 매일 새로 태어납니다. 살려면 죽어야 하고, 또 죽어야 사는 것이죠. 그래서 생과 사는 하나라고 하는 것입니다. 따라서 생사 문제에 대해 인간은 늘 근원적인 공포와 두려움을 가지고 있습니다. '내가 성공을 했다' '서열이 높다' '아무도 나를 못 건드린다'라고 생각하는 사람의 내면에도 두려움은 있습니다.

생사 문제, 좀 더 정확히 죽음에 대한 근원적인 두려움을 없애려면 어떻게 해야 할까요? 우리가 죽음을 두려워하는 것은 죽음에 대해 잘 모르기 때문입니다. 죽음에 대해 잘 안다면 그것을 두려워할 필요가 없겠죠. 그런데 죽음에 대해 알 길이 없으니, 아무리 세상이 풍요로워져도 인간은 근원적으로 두려움과 불안에서 벗어날 수 없는 것입니다.

이렇듯 사회 구조에서 오는 억압과 소외 그리고 생로병사가 바로 우리에게 두려움을 안겨주는 근본적인 원인이라고 할 수 있습니다. 내 자유를 억압하여 내가 내 삶의 주인이 되지 못하게 하는 조건인 것입니다.

충동의 원인: 식욕과 성욕, 지배욕과 인정욕

그다음 살펴볼 것은 참을 수 없는 충동입니다. 충동의 발생 원인으로는 쾌락과 욕망을 들 수 있습니다. 그중 가장 원초적인 욕망이 바로 식욕과 성욕입니다.

요즘 TV를 틀면 절반 정도 되는 프로그램이 소위 말하는 '먹방', 즉 먹는 방송인 것 같아요. 마치 이 세상 모든 것을 먹어버리겠다는 식의 이글대는 욕망이 매체를 장악한 것처럼 보입니다. 그러나 여러분, 항상 그렇게까지 배가 고픈가요? 그렇진 않을 겁니다. 음식 한 접시, 식사 한 끼 거른다고 우리가 영양실조로 죽진 않습니다. 배가 고파서가 아니라 외부적인 요인에 의해 무언가를 먹어야만 할 것 같은 욕망이 우리에게 주입되는 것이죠. 이것이 바로 충동을 훈련해야 하는 이유입니다. 충동은 어떻게 훈련하느냐에 따라 얼마든지 조절 가능합니다.

한편 식욕과 성욕, 이 둘은 코드가 같습니다. 그래서 서로가 서로를 대체할 수 있다고들 하죠. 그도 그럴 것이 최근에는 성욕이 식욕으로 대체되는 양상을 띠는 것 같습니다.

최근 연애의 기회 자체가 점점 줄어들고 연애가 마치 수능 시험만큼이나 어려워지면서, 적대적인 심리 상태에서 사랑이 이루어지는 일들이 많이 일어나고 있습니다. 일등 신랑감, 일등 신붓감으로 여겨지던 대기업의 수많은 신입사원들도 이제 결혼이 쉽지 않다고들 말합니다. 그래서일까요. 요즘 사랑은 권태와 변태 사이를 오갑니다.

바야흐로 식욕은 과잉, 성욕은 과소의 시대에 접어들었습니다. 둘 다 왜곡된 형태가 된 것입니다. 현대인들은 먹지 않아도 되는 것을 먹고, 스스로를 결핍되었다고 규정합니다. 그러면서 결핍을 채우기 위해 돈이 필요하다고 말합니다. "왜 성공해야 합니까? 왜 돈이 필요한 겁니까?"라는 질문에 "내 삶을 고귀하게 하고, 자유를 얻어 내 삶의 주인이 되기 위해"라고 답합니다. 설령 그런 생각을 해본 적이 없었다 하더라도, 고귀함과 자유라는 영역을 굳이 포기할 사람은 없을 것입니다. 문제는 고귀함과 자유라는 가치를 그렇게 소중하게 여기면서도 그것을 진정 어떻게 얻고 채워야 할지에 대해 절대 배우려 하지 않고, 생각도 하지 않는다는 점입니다.

지혜와 자유를 얻는 데는 학벌이 필요하지 않습니다. 그럼에도 죽도록 공부해 학벌을 얻고 소위 말하는 좋은 직업을 얻고 많은 돈을 벌어 서열 상승에 성공합니다. 그다음에는 또다시 지배하고자 하는 욕망, 인정받고자 하는 욕망에 사로잡힙니다.

지배욕과 인정욕. 근본적으로 이 둘은 식욕과 성욕의 변주라고 할 수 있습니다. 우리는 간혹 많이 배우고 많은 걸 이룬 사람들이 각종 비리를 저질러 감옥에 가는 모습을 보며 혼란에 빠지곤 합니다. "저렇게 돈도 많고 성공한 사람이 왜 비리를 저질러 감옥에 갈까?" 하고 말입니다. 제가 유년기를 보낸 강원도 산골, 그곳의 깡패들도 감옥에 갈 정도의 죄는 저지르지 않는데 말이죠.

그러므로 우리는 질문을 던지며 생각해야 합니다.

"재물이 왜 우리에게 자유를 주지 않는 것일까?"

정치인들은 왜 그토록 성범죄를 많이 저지르는 것일까요? 바로 지배욕과 성적 호르몬이 같이 움직여서입니다. 몸의 생리와 사회 활동은 분리되지 않습니다. 성적 호르몬이 분비되어야 권력을 향해 달려갈 수 있는 것이죠. 게다가 자신의 희생에 대한 보상이 제대로 이루어지지 않을 때 욕망은 왜곡되게 마련입니다. 이는 어렸을 때부터 식욕과 성욕을 보상 개념으로 보는, 즉 희생을 쾌락으로 보상받아야 한다는 시그널signal이 몸에 내재화됐기 때문입니다.

몸은 아주 정직해서 물질적인 보상을 바라지 않습니다. 그러나 감정은 그렇지 않죠. 꾹꾹 참으면서 억지로 공부하고, 고시를 보고, 결국 패스해서 남부럽지 않은 상황이 됐다고 칩시다. 성공하면 모든 물질적인 문제는 물론 정신적인 문제까지 해결될 거라는 믿음만큼 잘못된 것이 없어요. 성공할수록 사람들은 감정의 노예가 되고 맙니다. 기본적인 욕구는 참았다가 나중에 대학에 가서, 취업한 다음에, 집 사고 나서 해결하라는 식의 제시는 결국 나중에 분노 조절 장애를 불러일으킬 수 있습니다.

스스로에게 질문해봅시다.

"이런 개인적인 문제를 해결하지 않은 채 사회 제도만 바꾼다고 해서(물론 그런 일이 일어나기도 어렵겠지요), 시스템과 서비스가 좋아진다고 해서, 내가 두려움과 쾌락에서 벗어날 수 있을까?"

성공할수록 사람들은
감정의 노예가 되고 맙니다.
기본적인 욕구는 참았다가 나중에
대학에 가서, 취업한 다음에, 집 사고 나서
해결하라는 식의 제시는 결국 나중에
분노 조절 장애를 불러일으킬 수 있습니다.

그런 방식으로는 문제를 해결할 수 없을 거란 사실을 여러분은 이내 깨닫게 될 것입니다.

음양오행, 상생상극의 지도

그런데 잘 생각해보면 두려움과 충동은 서로 맞물려 있습니다. 두려움을 피하기 위해 충동에 빠지고, 충동에 빠지다 보면 점점 사는 것이 두려워집니다. 또한 그 원인들 역시 서로 뒤엉켜 있습니다. 쉽게 말해 내 안에 있기도 하고, 바깥에 있기도 한 거죠. 이런 연관관계를 확실히 알게 해준 것이 바로 동양 의역학입니다.

의역학 하면 좀 어렵게 느껴지겠지만, 실은 아주 쉬운 말입니다. 의학과 역학이 하나다, 다시 말해 몸을 고치는 원리와 우주 운행의 이치는 긴밀하게 연결되어 있다, 곧 몸과 우주는 하나다! 뭐 이런 뜻입니다. 말하자면, 몸의 안과 밖, 시간과 공간이 두루 연결되어 있다는 것이죠. 동양에서는 이런 원리를 오랫동안 탐구해왔는데요. 그 개념적 틀이 바로 음양오행론입니다.

음양오행론은 간단히 말하면 계절입니다. 목화토금수는 봄, 여름, 가을, 겨울의 순환을 의미합니다. 우주의 리듬이 그러하다면

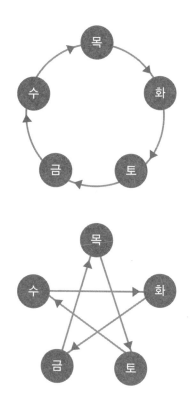

목화토금수는 봄, 여름, 가을, 겨울의
순환을 의미합니다.
오장육부 역시 사계절의 리듬을
내재하고 있습니다.

몸의 리듬도 마찬가지라는 것이죠. 오장육부 역시 사계절의 리듬을 내재하고 있습니다. 예컨대, 봄에는 간/담(목)이, 여름에는 심장/소장(화)이, 가을에는 폐/대장(금)이, 겨울에는 신장/방광(수)이 배속됩니다. 토는 환절기를 담당합니다. 사계절과 오행 그리고 오장육부를 한 번에 꿰고 있는 셈입니다.

이렇게, 안과 밖, 시간과 공간이 모두 연결되어 있는 만큼, 자연의 이치에 대한 탐구와 '내가 누구이고 어떻게 살 것인가'라는 탐구는 서로 분리될 수 없습니다. 즉, 존재와 우주에 대한 탐구를 함께해야지, '나'를 뚝 독립시켜 '나는 누구인가'라는 생각을 하면 절대 답을 얻을 수 없습니다. 남는 것은 오직 고립감과 소외감으로 인한 공포뿐입니다.

그래서 우리가 질문을 던진다, 무언가를 배운다는 것은 곧 길 위에 나온다는 것을 의미합니다. 길 위에 나와서 나와 타자, 사회 시스템, 자연의 변화와 마주치는 것입니다. 그때 비로소 '나는 누구인가'라는 질문이 솟구치게 되는 것이지, 나 혼자서는 알 수도 없고 설령 알게 된 후에라도 세상과의 만남을 느낄 수 없습니다. 여러분은 지금 질문을 던지고, 무언가를 배우려 하고 계시니 이제 길 위에 나오신 셈입니다.

저는 40대 중반부터 몸도 아프고 감정 조절도 제대로 되지 않는 상태가 되었는데요. 이게 저만의 문제일까요? 그렇지 않습니다. 공동체의 수많은 사람과 사람이 부딪칠 때에는 일종의 감정 패턴도 함께 부딪치게 됩니다. 동선도 엇박이 나고요. 이런 문제를 어떻게 조율해야 할까요?

이를 해결할 방법이 서양철학이나 과학에는 없습니다. 내가 왜 이 계절에 이런 감정 패턴을 반복하는지, 관계가 왜 이렇게 잘 안 풀리는지 정작 자기 자신은 잘 모릅니다. 결국 내 안에는 내가 모르는 무수한 자아가 있다는 것인데요. 이런 영역은 서양철학이나 서양과학에서는 배울 수 없었기 때문에 동양 의역학을 탐구하기 시작한 것입니다.

동양에서는 5,000년 전부터 인간과 우주를 한꺼번에 연구했습니다. 서양 역시 고대에는 그렇게 했지만, 일찌감치 둘을 분리하여 연구했습니다. 그래서인지 요소들의 분석에는 뛰어나지만, 그 요소들을 종합하는 데는 아주 미숙합니다.

동양적 사유는 애초 천지인天地人을 바탕으로 하는데요. 하늘과 땅을 연결하는 존재가 곧 인간입니다. 인간이 직립함으로써 이것이 가능해진 것입니다. 그렇기 때문에 인간이 '나는 누구인가'라고 묻는 것은 곧 '우주는 무엇인가'라고 묻는 것과 같습니다. 천지인을 하나로 관통하는 음양오행의 이치가 바로 이것입니다. 그런가 하면 태양은 양, 달은 음, 남성은 양, 여성이 음이고, 오행은 봄, 여름, 가을, 겨울, 환절기 등 계절을 의미합니다. 하나는 상극의 지도이고, 다른 하나는 상생의 지도입니다. 상생과 상극, 이 두 가지가 함께 운용되는 것이 우주의 리듬입니다.

예전 동양인들은 '어떻게 살 것인가'라는 질문에 답하려면, 천문학과 지리를 함께 공부해야 했고, 여기에 자신의 몸과 마음까지 알아야 했습니다. 예를 들면 봄이 오면 만물이 성장한다, 그 곡식으로 인간은 살아간다. 그렇다면 봄에는 인간 역시 천지를 살리는 기운을 써야 한다, 이런 식으로 생각한 것이죠. 그래서 봄에는 사형수를 죽이지 않는다, 가을에 가서 형을 집행한다, 이런 식의 법 조항을 만들기도 했습니다. 그래서 '이 세상은 어떻게 구성되어 있는가'를 탐구하는 인식론, '나는 누구인가'를 사유하는 존재론, '어떻게 살 것인가'를 궁구하는 윤리학이 한꺼번에 음양오행, 상생상극에 다 들어가게 된 것입니다.

사주명리학의 지도

할리우드 영화 가운데 행성 탐험을 다룬 영화가 많이 있죠? 그런 영화들이 동양적 사상에서 보면 굉장히 이상한 경우가 많습니다. 다른 행성으로 가면 몸이 바뀌는 게 정상이거든요. 영화 〈인터스텔라*Interstellar*)를 보면, 시공간은 휘었는데 사람의 몸은 그대로입니다. 그러면 안 됩니다. 몸도 같이 휘어야 맞지요. 훗날 인류가 화성에 가서 살게 될 거라 상상하는 내용의 영화도 많은데요. 이 신체 그대로 화성에 가면 오장육부가 뒤틀릴 것입니다. 화성에서 살 수 있도록 신체가 개조되어야 하는 겁니다. 거듭 말하지만, 몸과 시공간은 분리되지 않습니다. 내가 곧 우주인 셈이죠.

그러고 보면 영화 〈ET〉에 나오는 ET의 신체는 동양 의학, 철학을 잘 반영하고 있습니다. 눈은 왕방울만 하고, 손가락은 엄청 비대하고, 대신 하체는 부실합니다. 앞으로 스마트폰이 삶을 완전히 잠식하게 되면, 우리의 신체가 바로 그런 식으로 변형될 겁니다.

한편 내 안에 사계절이 있듯이, 내 심리적 리듬 역시 목화토금수의 리듬을 따릅니다. '우레가 친다'는 것은 곧 천지가 분노했음을 의미합니다. 사람도 화가 나면 우레와 같은 목소리를 내고요. 기쁠 때, 슬플 때 하는 행동 모두 오행의 리듬으로 설명 가능합니다.

사주명리학은 이를 운명에 적용해 이 사람이 태어난 년, 월, 시를 보고 이것이 오장육부와 어떻게 배치되는지, 이 사람의 정서적 흐름이 어떤지를 추론합니다. 운명이라는 것은 나의 신체성, 생리적 흐름과 연관되어 있습니다. 그것을 통해 감정의 회로가 형성되고, 또 그것을 통해 사람을 만나고, 특정한 활동을 하는 것

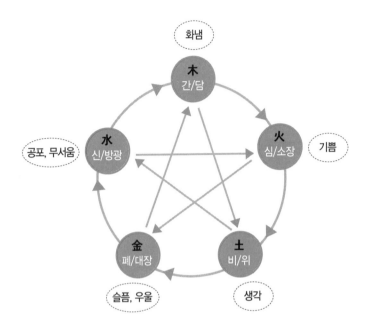

운명은 나의 신체성, 생리적 흐름과
연관되어 있습니다. 그것을 통해 우리는
감정의 회로를 형성하고,
사람을 만나고, 특정한 활동을 합니다.
이러한 행위가 곧 인생의 지도를 만듭니다.

이 곧 인생의 지도를 만듭니다.

흔히들 운명을 신비롭다고 하는데, 그럴 때 연애를 떠올리는 경우가 많습니다. 하지만 연애는 운명의 신비 중에서도 가장 뒤떨어진 것에 속합니다. 내가 어떤 리듬을 갖고 내 운명을 창조할 것인가가 중요한 것이지, 단순히 누군가를 만나는 게 목표라면 설령 사랑이 이루어진다고 해도 그 연애는 지루하기 짝이 없어요. 그래서 변태 아니면 권태라는 말이 나오는 겁니다.

운명을 달리 말하면, 목화토금수로 이어지는 다섯 스텝이라고 할 수 있는데요. 명리학 전문용어로는 '비겁(나의 존재감)–식상(말과 활동)–재성(재물)–관성(사회적 관계)–인성(지혜와 공부)'이라고 합니다. 어떤 사람도 이 과정을 벗어날 수 없습니다. 운명학의 또 다른 분야인 관상학 역시 얼굴을 통해 그 사람의 운명을 예견하는 학문입니다. 그것이 어떻게 가능할까요? 역시 답은 몸에 있습니다. 얼굴이 곧 오장육부입니다. 얼굴은 내 신체의 내공과 더불어 감정의 배치를 보여주는 가장 좋은 지도입니다. 그런데 이 지도를 보고 미추美醜, 우열優劣을 결정하면 안 되지 않을까요? 성형을 하면 안 된다고 주장하는 이유가 여기에 있습니다.

지도는 길을 알려주는 것이기에, 어떤 것이든 그 자체로 소중합니다. 일단 이 점을 받아들여야 이 지도를 삶에 적용할 수 있게 됩니다. 지도 자체를 결핍과 상처로 간주하게 되면, 이 지도는 아무짝에도 쓸모가 없게 됩니다.

넘치는 것은 조율하고, 모자란 것은 채우고

이쯤 이야기를 들으면, 제가 왜 굳이 음지에 있는 사주명리학을 인문학적 관점에서 양지로 끌어냈는지 궁금하실 겁니다. 바로 본인 스스로 자신의 운명을 읽어내지 않는 한 절대 비밀을 풀 수 없기 때문입니다. 해가 바뀌면 사주 보러 가는 분들 계시죠? 역술원에 갈 때 우리는 불안을 안고 갑니다. 혹은 기막힌 행운을 기대하며 가기도 하죠. 운명적인 사랑을 만나게 될 거라는 식의 기분 좋은 이야기를 듣게 되길 은근히 바라기도 하고요. 운명적인 사랑이야말로 치명적인 실煞인데도 말입니다. 그런 상대를 만나서는 양생하기 어려워요.

그런데 사람들이 그런 식의 태도로 역술원에 찾아오기 때문에, 역술가들은 사실을 있는 그대로 말해주지 못합니다. 영업상의 이유로든 상대에 대한 배려 때문이든. 참 안타까운 일이죠. 동양의 지혜를 이렇게밖에 활용하지 못하니 말입니다. 역술가들은 이 오래된 지혜를 적극 발휘하지 못하고, 또 대중들은 자기가 원하는 대답을 들을 때까지 이곳저곳 용하다는 역술원을 순회합니다. 낭비에 불과한 일이죠.

사주명리학은 아주 오랫동안 동양인들이 일상적으로 활용하던 생활과학이었는데, 서양과학의 도래와 더불어 미신의 범주로 떨어지고 말았습니다. 음양오행 자체가 미신이라면, 한의학도 다 사라져야 해요. 한의학이 바로 음양오행을 가지고서 오장육부를 보는 것이거든요. 이것이 바로 제가 사주명리학을 양지로 끌어내어 자유롭게 활용하자고 계속 주장하는 이유입니다.

서양의 대표적인 운명론은 별자리 점성술이죠. 별자리 점성술을 비롯하여 타로 카드, 손금, 기타 등등 아주 다양한 역학이 있습니다. 사주명리학은 이 모든 것보다 훨씬 체계적입니다. 전 세계를 다 둘러보아도 운명에 관해 이보다 더 객관적으로 알려주는 학문은 찾아보기 어렵습니다.

사주명리학이나 음양오행론이 알려주는 사실은 이렇습니다. 모든 사람은 태어나는 순간 오행에 치우쳐 있으므로, 모든 이의 팔자는 평등하다는 겁니다. 모든 걸 골고루 다 가질 수는 없죠. 그렇다면 인간이 해야 할 일은 넘치는 건 조율하고, 모자란 건 채우는 것입니다. 이것이 곧 공부이자 수행인 셈이죠.

이것을 하지 못하면, 두려움이 자라고 강박증, 분열증을 거쳐 영혼이 잠식됩니다. 두려움은 정면으로 돌파해야 합니다. 무서워하고, 피하려 하면 안 됩니다. 타자와 소통하는 방식을 잘 모르는 사람은 쇼핑, 게임, 야동으로 도망가려고 합니다. 그러다 어느 순간 이것에 중독되어버리고, 스스로에게 엄청난 불만이 쌓이고, 모든 문제를 사회나 부모의 탓으로 넘기게 됩니다. 이때 무차별적인 폭력이 나타나기도 합니다. 두려움과 충동, 원망과 폭력이 하나의 사슬이 되는 셈이죠.

운명애를 향하여

자기 존재에 대한 탐구를 통해 내적 충동을 조율하면서 외부적 억압에 맞서 싸우는 존재가 될 때, 비로소 우리는 내 삶의 주인이 될 수 있습니다.

영화 〈인터스텔라〉와 TV 드라마 〈미생〉에 대해 잠시 이야기해볼까 합니다. 〈미생〉은 두말할 것 없이 길에 대해 탐구하는 드라마입니다. 이 드라마에서 주인공들은 계속해서 장애물들을 헤쳐나가고, 넘어졌다가도 또다시 일어나 길을 찾아 나섭니다. 저는 〈인터스텔라〉 역시 〈미생〉과 크게 다르지 않아 무척 놀랐습니다. 지구가 위험하다, 다른 행성을 찾아야 한다, 어떻게? 은하와 은하

자유 안에서 자신의 운명을
있는 그대로 긍정하는 것,
즉 운명애를 갖게 될 때
우리는 비로소 두려움과 충동이라는,
삶을 노예화하는 것들로부터
벗어날 수 있습니다.

를 연결하는 웜홀worm hole을 통과해야 한다. 이 모든 상황은 누가 만들었는가? 우리가! 그렇다면 누가 이 위기에서 우리를 구해줄 것인가? 바로 우리 자신이! "우리가 기다리는 것은 바로 우리 자신이다!"라는 말이 이런 의미일 테죠.

아버지는 딸에게 블랙홀을 통해 정보를 전달합니다. 후에 아버지와 딸은 재회하게 되는데, 어느새 딸은 백발의 노인이 되어 있지만, 아버지는 여전히 젊습니다. 딸은 아버지에게 이제 당신의 길을 가라고 말합니다. 둘의 관계는 서로에 대한 사랑이 그 바탕을 이룹니다. 사랑은 이렇게 서로를 만나 서로를 구속하는 것이 아니라, 서로의 길을 가게 해주는 베이스캠프가 되어주는 것입니다.

이 길에 대한 탐구가 곧 로고스logos인데요. 우리가 직립直立을 하는 것도 모두 로고스적 존재가 되기 위해서입니다. 사실 직립은 모든 병의 원인이 되곤 합니다. 똑바로 서서 균형을 잡기가 얼마나 어렵습니까? 이에 반해 동물들은 네 발로 땅을 딛고 서기 때문에 척추에 훨씬 무리가 덜 가죠. 그럼에도 인간은 직립을 택했습니다.

그때부터 인간이 해야 할 일은 균형을 잡고 똑바로 서서 하늘과 땅을 연결하는 앎을 탐구하는 것, 즉 로고스를 추구하는 것이었습니다. 이를 통해 인간은 자유를 얻고, 그 자유 안에서 자신의 운명을 있는 그대로 긍정할 수 있는 것입니다. 사주명리학적 관점에서 보면, 이것이 바로 '운명애運命愛'라고 할 수 있습니다. 이 운명애를 갖게 될 때 비로소 두려움과 충동이라는, 삶을 노예화하는 것들로부터 벗어날 수 있는 것입니다.

끝으로 운명애란 무엇인가를 가장 잘 보여주는 소설 《그리스 인 조르바Vios kai politia tou Alexi Zormpa》의 저자 니코스 카잔차키스Nikos Kazantzakis의 자찬묘비명을 음미하면서 이 시간을 마치겠습니다.

나는 아무것도 바라지 않는다.

나는 아무것도 두려워하지 않는다.

나는 자유다!

Q 저는 철학을 공부하는 대학교 3학년 학생입니다. 두려움에 맞서는 주체는 그 자체로 의미가 있다고 말씀하셨는데요. 최근 함께 공부하는 한 선배가 취업에 대한 두려움으로 철학을 포기하고 전과를 택했습니다. 이처럼 두려움이 자기 내부에서 온 것이 아니라 외부적인 현실과 맞닿아 있을 때는 어떻게 해야 할까요?

A 그 선배에게는 그렇게 하던 공부를 그만두고 다른 것을 선택할 수 있는 능력이 있었네요. 우리 모두는 불안으로부터 자유로울 수 없는 존재인데, 특히 청년들은 불안감이 심하죠. 그러나 이 세상 그 어떤 시스템과 제도도 청년들에게 일자리를 호락호락 내어준 적이 없습니다. 어쩌면 청년들이 불안과 긴장을 갖고 있는 건 자립을 하고 어른이 되기 위해 겪어야 할 지극히 당연한 과정일지 모릅니다. 예전에는 어른이 되려면 집 밖에 나가 오랫동안 음식을 끊고 숲 속에서 혼자 살다 온다든지 하는 통과의례를 거치기도 했으니까요.

이런 고통스러운 과정을 나만 겪는다, 우리 세대만 이렇게 죽도록 고생을 한다고 생각하면, 불안은 부질없이 커집니다. 그러나 그 과정은 누구나 겪는 것입니다. 아버지가 내 직업을 미리 준비해 놓으셨다고 해서 불안이 사라질까요? 그렇지도 않습니다. 그러니, 너무 몰두하여 그 고통을 과잉으로 감당할 필요는 없습니다. 가볍게!

다른 과를 선택한다고 해서 취직이 잘 되고, 인문학, 철학을 선택한다고 해서 취직이 안 될까요? 그건 아무도 몰라요. 왜? 앞으로 경제 상황이 어떻게 될지는 아무도 모릅니다. 여러분이 어떤 선택을 하든 전부 소용이 없을 수도 있어요. 그래서 저는 백수가 되었고, 이게 제 길이었다는 생각이 들어요. 여러분, 인류의 미래는 백수입니다. 백수밖에 없어요. 앞으로는 웬만한 일들은 모두 기계가 하게 될 겁니다. 물론 그냥 백수는 안 됩니다. 백수가 자유인이 되려면 지혜로워야 하고 인문학을 알아야 합니다. 지혜가 없는 백수는 노숙자가 될 수밖에 없죠. 범죄에 노출될 수도 있고요, 자기를 용납하지 않으니까. 그러니 자기를 마음껏 용납하세요. 철학하는 백수, 이것이 인류가 나아가야 할 길입니다.

Q 저는 동양고전을 좋아하는데요. 최근 춘추전국시대에 관한 책을 읽었는데, 거기에는 원칙을 지키는 선비에 관한 이야기가 많이 나왔습니다. 이들의 삶의 방식이 내적 충동과 외적 억압에 맞서 원칙을 지키며 사는 것과 비슷하다고 볼 수 있을까요?

A 사실 서양에서도 그리스로마시대 때는 철인정치를 지향했습니다. 철인정치란 철학자가 정치를 해야 한다는 것으로, 소크라테스가 만든 윤리입니다. 자신을 다스리지 못하는 자가 어떻게 타인을 통치할 수 있겠느냐는 것이 이 윤리의 기본 개념이죠. 동양에서는 더 근본적입니

다. 동양의 이상적 군주는 요임금과 순임금인데요. 이들의 시대를 흔히 요순시대라고 부릅니다. 요순시대에는 임금이 있는 줄도 몰랐다고 합니다. 그만큼 태평성대였다는 뜻인데, 그렇게 되려면 통치자에게 사심이 있어서는 안됩니다. 그러기 위해선 자신의 욕망을 잘 다스릴 수 있어야겠죠? 사리사욕을 벗어난 존재라면 천하를 위해 일할 수 있다고 본 것입니다. 그게 정치인의 이상형이었죠.

춘추시대는 전쟁이 난무하던 때로, 우리가 잘 아는 공자가 바로 이 시대 사람입니다. 이 시대는 제자백가의 시대이기도 했습니다. 수많은 멘토들이 출현한 시대였던 거죠. 이 분들은 모두 정치와 철학을 일치시키려고 했던 분들입니다. 한마디로 내적 충동과 외적 억압에 맞서기 위해 노력하셨죠. 그러나 현대인들은 정치인에게 윤리를 요구하지 않습니다. 윤리보다는 능력과 지식을 더 원합니다. 그래서인지 욕망을 조절하고 자신을 배려하는 데 너무나 취약합니다. 시대가 이렇게 지났고 문명이 이토록 발전했는데도 우리가 계속 동양 사상을 탐구해야 하는 이유가 바로 여기에 있습니다.

Q 선생님께서 게임이 내적 폭력을 폭발시켜 사람을 폭력적으로 만든다는 말씀을 하신 적이 있는데요. 게임업계에 종사하고 있는 사람으로서 이에 관한 의견을 더 듣고 싶습니다.

A 게임은 이제 무시할 수 없는 거대 산업이 됐죠. 개인에게는 상상력을 부여하기도 하고 오락거리도 됩니다. 여기에 중독된다고 해서 그것이 줄곧 이어지는 것도 아니고, 거기서 빠져나오는 경우도 많습니다. 그러나 자신을 위해 무언가를 탐구해보려는 목적을 갖고 게임을 하는 사람은 거의 없습니다. 이 점이 중요한 거죠. 그래서 게임에 빠지다 보면 내 안에 쾌락과 폭력이라는 회로가 형성된다는 것입니다. 이 회로가 내재화되면 언젠가는 터져 나온다는 것이고요. 즉, 게임을 하지 않아도 그런 방식으로 살아갈 수 있다는 것이 명리학이 주는 지혜입니다.

그래서 게임을 하든 안 하든 각자 자신의 내적 충동을 조율하는 습관을 들이셔야 합니다. 그러한 습관들은 결국 인생의 밑천이 됩니다. 이를 외면해 버리면 인생에서 많은 것을 얻고 나서도 궁극적으로 존재는 허무에 빠지게 됩니다. 몸은 너무나 정직하기 때문에 충만감을 잃으면 인생 자체가 허무하기 짝이 없게 느껴지죠. 그게 반복되면 아무 이유 없이 우울감에 빠지거나 폭력을 행사하는 일이 생기기도 합니다.

생명은 창조와 순환을 원합니다. 거창한 이야기가 아닙니다. 창조란 어제와 다른 오늘을 만드는 것, 순환은 타자와 소통하는 것을 의미합니다. 소통을 두려워하지 말고 네트워크를 형성하세요. 그리고 이 창조와 순환을 연결하는 가장 중요한 고리는 '로고스'라는 점도 잊지 마시기 바랍니다.

과학은 가치에
침묵하는가

by 장대익

인간에 대한 앎은 인문학의 주제이기도 하지만,
그 앎을 인간에 대한 탐구라고 본다면 이에 대해 가장 새롭고 의미 있는 이야기를 해주는 것은
과학입니다. 이런 점에서 과학은 21세기의 인문학이라고 할 수 있습니다.

"광막한 공간과 영겁의 시간 속에서 행성 하나와 찰나의 순간을 당신과 공유할 수 있음은 나에게 커다란 기쁨입니다."*

위 구절은 칼 세이건Carl Sagan이 자신의 저서 《코스모스Cosomos》에 남긴 헌사입니다. 과학자라고 하면 미국 드라마 〈빅뱅이론The Big Bang Theory〉에 등장하는 셸든처럼 사회성이 결여된 괴짜 천재의 이미지를 떠올리곤 하죠. 하지만 과학자에게도 이처럼 분명 낭만적인 구석이 있습니다.

그럼에도 불구하고 과학은 '어렵고 차가운 것'으로, '정보를 제

---

*이 헌사는 저자가 읽은 《코스모스》의 판본을 기준으로 했습니다.

공하고 사실 영역에 대해서는 이야기하지만, 가치나 실존, 의미와 규범의 문제에 대해서는 침묵하는 것'으로 여겨지기 십상입니다. 다음의 학자들이 과학과 가치의 관계에 대해 취하는 입장도 이와 크게 다르지 않습니다.

"과학은 우리가 어떤 존재인가를 말해줄 수는 있지만 그런 존재의 문제점이 무엇인가는 말할 수 없다. 인간 조건에 대한 과학은 없다." – 제리 포더Jerry Fodor, 철학자

"과학은 '어떻게'를 묻지만, 종교는 '왜'를 묻는다."
– 알베르트 아인슈타인 Albert Einstein, 물리학자

"실험은 과학의 영역이고, 궁극적 의미와 도덕적 가치는 종교의 영역이다." – 스티븐 제이 굴드Stephen Jay Gould, 진화생물학자

"(이런 종류의) 과학적 해설들은 사람들의 가슴에 숨겨진 어떤 궁금증, 어떤 궁극적인 질문들에 대해서는 거의 아무런 답변도 주지 않는다." – 도정일, 영문학자

이 학자들은 모두 과학이 실존적인 지침을 주지는 못하며 삶의

궁극적인 질문들에 대해 답할 수 없다는 전통적인 견해를 가지고 있습니다. 같은 맥락에서, 18세기 영국의 철학자 데이비드 흄 David Hume 역시 사실 판단을 가치 판단과 동일시하는 것은 자연주의 오류naturalistic fallacy라며 "사실 진술들만으로는 당위(가치) 진술들이 도출되지 않는다"라고 논증한 바 있습니다.

이를테면 '고문이 나쁘다'는 가치를 진술하기 위해서는 '고문이 고통을 준다'는 사실 진술과 '고통을 주는 행위는 나쁘다'는 가치 진술이 결합되어야만 합니다. 사실 진술이 가치 진술과 결합되어야만 가치 진술을 얻을 수 있다는 것입니다.

그런데 이를 다르게 생각하면, 새로운 가치를 만들기 위해서는 사실 진술이 포함되어야 한다고 볼 수도 있습니다. 여기서 우리가 던질 수 있는 질문은 다음과 같습니다.

"정말 과학은 가치에 침묵할 수밖에 없는가? 과학은 인간 실존에 대해 어떤 이야기를 하고 있는가?"

지금부터 이 질문들에 답하는 것을 목적으로 이야기를 풀어가려 합니다.

과학이 인간에 대해
말해주는 것들

우선, 과학이 인간에 대해 어떤 이야기를 하고 있는지부터 짚고 넘어가겠습니다.

첫 번째로, 과학은 인간을 '우주적 존재'라고 말합니다. 그 대표주자가 바로 '빅 히스토리Big History'입니다. 빅 히스토리란 빅뱅Big Bang에서 시작해 현재에 이르는 우주와 지구, 인류의 역사를 다양한 학문의 관점에서 바라보는, 일종의 융합 학문을 일컫는 말입니다. 우리 인간이 빅뱅-별-원소-태양계와 지구의 탄생-생명의 탄생-문명의 발생 등의 과정을 거쳐 진화해온 존재라는 것이지요. 이러한 큰 틀에서 볼 때 인간은 우주적 존재라고 할 수 있습니다.

두 번째, 과학은 인간을 '자연적 존재'라 말합니다. 지구 상에 생명체가 등장한 이래로 세균, 식물, 동물 등 수많은 생물들이 발생하고 진화해왔습니다. 인간 역시 그 일부입니다. 인간은 겨우 20만 년 전에 아프리카에서 나타난, 자연계에서 가장 어린 존재입니다.

우리가 타임머신을 타고 1억 년 전으로 돌아갔다고 생각하고 그때부터 막내인 인간이 지구 상에 등장해 생존해온 역사를 살펴보죠. 1억 년 전의 지구는 공룡이 지배하고 있었습니다. 하지만 공룡은 6,500만 년 전에 이르러 지구에 운석이 충돌하는 엄청난 사건을 기점으로 멸종하고 말았습니다. 한편 인간의 조상들은 그 시대의 조연으로 근근이 살아가고 있다가 공룡이 대거 멸종함으로써 주인공으로 나설 수 있게 되었습니다. 우연히 일어난 운석 충돌로 인해 공룡이 자리를 잃고 인간이 진화할 수 있는 터전이 마련되었던 것이죠.

이렇게 생각해보면, 자연적 존재로서의 인간은 우연의 결과물이 분명합니다. 지금까지 지구 상에 존재했던 생명체들 중 단 1퍼센트의 생물들만이 현존하고 있다는 사실을 상기해보세요. 인간은 확실히 매우 운이 좋은 생물입니다.

이러한 우연적인 인류 생존의 역사 속에서, 인간은 결국 호모 속 내의 유일한 종이 되었습니다. 4만 년 전까지만 해도 북유럽에는 호모 사피엔스와 네안데르탈인이 이웃에 살고 있었는데, 뇌 용량도 더 컸던 네안데르탈인은 멸절하게 되었죠. 그리하여 현재 우리와 가장 가까운 영장류는 침팬지와 보노보입니다.

과학에서는 인간을 이해하기 위해 인간과 비슷하기도 하고 다르기도 한 그들을 살펴보기도 합니다. 교토대학교 영장류연구소의 연구 결과에 따르면, 한 살짜리 침팬지는 한 살짜리 인간에 비해 엄청나게 우월한 신체 능력을 가지고 있습니다. 인간 아기가 겨우 목을 가눌 때 침팬지는 나무를 날아다니니 말이죠. 이는 인간이 침팬지보다 훨씬 미숙한 상태에서 태어난다는 것을 여실히 드러냅니다.

그럼에도 불구하고 침팬지는 여전히 숲에 살고 있으며, 인간은 20만 년 동안 아프리카를 시작으로 전 세계로 뻗어나갔습니다. 육상 척추동물들 중에서 이렇게 단기간에 넓은 범위로 퍼져 생태적으로 성공한 종은 호모 사피엔스 단 한 종뿐입니다. 대체 무엇이 인간을 이렇게 특별한 존재로 만들었을까요?

무엇이 인간을 지구의 지배자로 만들었는가

뇌 크기와 사회성

침팬지의 뇌 용량은 400cc인 데 반해, 인간의 뇌 용량은 1,300~1,500cc 정도로 침팬지 뇌 용량의 3.5배나 됩니다. 600만 년 전에 침팬지와 인간이 한 공통 조상에게서 갈라져 나온 이래로 인간의 뇌 용량이 급격하게 커진 이유는 무엇일까요? 이 현상에 대해 많은 가설들이 있지만, 그중 최근 각광받는 이론은 소셜 브레인 이론social brain theory입니다.

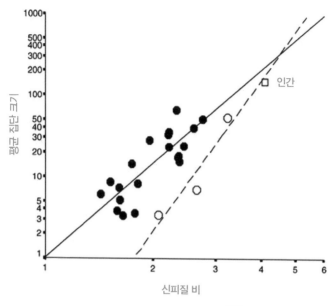

출처 : Dunbar&Shultz(2007)

이 이론은 인간의 뇌가 생태적 문제가 아닌 사회적 문제를 해결하기 위해 커졌다고 봅니다. 그 증거는 이렇습니다. 뇌 전체 무게 중 신피질의 무게 비율을 '신피질 비'라고 하는데요. 이미 영장류 종들의 신피질 비가 그들의 집단 크기와 비례한다는 점이 밝혀진 바 있습니다. 위의 그래프를 보면 인간은 신피질 비가 4, 집단 크기는 150~200 정도인데, 이는 다른 영장류에 비해 큰 값입니다.

영장류의 사회적 행동들의 차이도 이 이론을 뒷받침하고 있습니다. 원숭이나 침팬지는 서로 털 고르기grooming를 해주죠? 이를 잡아주는 것처럼 보이는 이 행동은 사실 집단 구성원 간의 사회적 유대를 유지하기 위한 일종의 스킨십입니다.

그렇다면 인간은 어떤가요? 만약 인간도 그런 방식으로 사회적 관계를 확보해야 한다면, 집단 크기가 다른 영장류보다 큰 150~200 정도이니 밥만 먹고 털 고르기만 해야 할지도 모르겠습니다. 그러나 150명과 일일이 털 고르는 관계를 유지하는 것은 효율적인 방법이 아닙니다.

로빈 던바Robin Dunbar를 비롯한 소셜 브레인 이론가들은 인간이 털 고르기를 하는 대신 언어를 진화시켜 사회적 문제를 해결해왔다고 말합니다. 설령 아부일지라도 서로에게 좋은 말을 해주면서 관계를 부드럽게 한다는 것이죠. 이것은 어떻게 보면 '말로 하는 털 고르기'라고 할 수 있습니다. 정리하면, 인간의 큰 뇌는 더 큰 규모의 집단 내에서 효과적인 집단생활을 영위하고 사회적인 문제들을 해결하기 위한 도구였다고 볼 수 있습니다.

인간은 초사회적 동물

앞서 뇌 크기와 사회성이 긴밀한 관계를 맺고 있음을 설명했습니다. 그렇다면, 인간은 다른 영장류와 비교할 때 어떤 고유한 사회성을 가지고 있을까요?

학자들은 인간이 털 고르기를 하는 대신
언어를 진화시켜 사회적 문제를
해결해왔다고 말합니다. 설령 아부일지라도
서로에게 좋은 말을 해주면서 관계를
부드럽게 한다는 것이죠. 이것은 어떻게 보면
'말로 하는 털 고르기'라고 할 수 있습니다.

우선, '시선 따라가기gaze following' 행동을 살펴보죠. 엄마가 어린아이와 눈을 마주치고 있다가 갑자기 시선을 다른 곳으로 돌리면 아이의 반응은 어떨까요? 아이는 엄마의 눈동자가 지시하는 곳으로 자신의 시선을 변경합니다. 이 시선 따라가기 행동은 다른 사람의 의도를 파악하고 공통의 관심사에 반응하는, 사회성의 기본이 되는 행동입니다. 흥미롭게도 이 행동은 침팬지에게서도 찾아볼 수 있습니다.

하지만 '가리키기pointing' 행동의 경우는 조금 다릅니다. 인간 아이는 사물을 손가락으로 가리키며 "엄마, 저게 뭐야?"라고 묻곤 합니다. 이는 자기의 관심을 다른 사람도 같이 갖게끔 만들고 공동의 주의 집중을 유도하는, 사회성의 중요한 기술입니다. 정상적인 인간이라면 누구나 할 수 있는 기술이기도 하죠. 그렇다면 인간과 진화적으로 가장 가까운 침팬지와 보노보는 어떨까요? 놀랍게도 침팬지나 보노보 앞에서 달을 가리키면, 그들은 달을 보지 않고 달을 가리키고 있는 손가락을 볼 뿐입니다. 반면, 인간은 가리키는 사람의 의도를 이해하고 달을 봅니다. 이는 인간이 다른 영장류들과 다른 사회적인 고유성을 가지고 있음을 시사하는 부분입니다.

'마음 읽기'는 인간만이 가진 또 다른 사회적 능력입니다. 마음 읽기는 독심술이 아니라 '추론' 능력을 뜻합니다. 예를 들어, 존이 무슨 생각을 하면 제인은 존이 무슨 생각을 하는지를 생각하고, 톰은 제인이 존이 무슨 생각을 하는지를 생각하는 것에 대해 생각합니다. 우리 인간은 타인의 목적과 의도를 읽는 이 복잡한 추론 과정을 일상에서 실제로 행하고 있죠. 이는 사회적인 관계를 유지하고 사회적인 문제를 해결하는 데 가장 기본적인, 중요한 과정입니다. 이 능력이 결여되어 있다면 그것은 자폐입니다. 반면, 침팬지는 다른 침팬지가 어떤 생각을 갖고 있는지 정확하게 알지 못합니다.

스포츠 경기에서 흔히 볼 수 있는 수 싸움이야말로 인간의 마음 읽기 능력이 잘 나타나는 예라 할 수 있습니다. 야구 경기에서 투수는 타자가 무엇을 노리는지 추론하고 던집니다. 이 투수보다 더 뛰어난 타자는 투수의 추론을 읽고 다른 것을 노립니다. 이렇듯 마음 읽기로부터 나오는 이러한 수 싸움은 인간만이 갖는 독특한 특성입니다.

인간과 침팬지의 또 다른 차이점은 공막鞏膜, sclera의 유무에 있습니다. 침팬지의 눈을 보면 마치 선글라스를 쓴 것처럼 무엇을 보고 있는지 알 수 없죠. 반면, 인간의 눈에는 하얀 '공막'이 있어서 눈동자의 방향을 쉽게 알 수 있습니다. 영장류학자 마이클 토마셀로Michael Tomasello는 이 공막의 존재가 인간이 협동하는 존재임을 보여준다는 가설을 세웠습니다. 눈동자의 위치가 공개되기

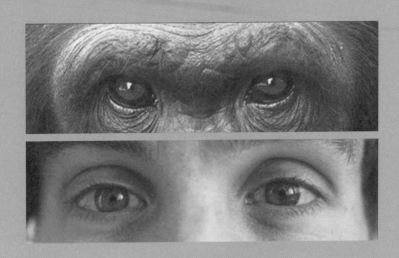

인간의 눈에는 하얀 '공막'이 있어서
눈동자의 방향을 쉽게 알 수 있습니다.
영장류학자 마이클 토마셀로는
이 공막의 존재가 인간이 협동하는 존재임을
보여준다는 가설을 세웠습니다.
눈동자의 위치가 공개되기 때문에
상대방이 무엇을 원하는지 눈만을 보고도 알
수 있고, 이것이 협동의 기초가
된다는 것입니다.

때문에 상대방이 무엇을 원하는지 눈만을 보고도 알 수 있고, 이것이 협동의 기초가 된다는 것입니다.

우리가 협력해서 무언가를 할 때를 생각해보세요. 말할 필요 없이 눈짓만으로 서로의 의중을 알아채는 경우가 종종 있지 않나요? 이 점 역시 다른 영장류에게서는 찾아볼 수 없는 인간 고유의 사회적 특성입니다.

마지막으로 공평성과 정의감에 대한 인간과 원숭이의 차이를 들 수 있습니다. 두 꼬리 감는 원숭이에게 똑같은 일을 시키고, 한쪽에는 보상으로 오이를 주고 다른 한쪽에는 오이보다 맛있는 포도를 주는 실험을 한 적이 있습니다. 처음에 오이를 먹을 때만 해도 아무렇지 않던 원숭이는 시간이 지나자 배고픈 건 참아도 배 아픈 건 못 참겠다는 듯 무척 억울해하며 저항을 했습니다. 이 실험에 의하면 원숭이가 공평성을 이해하고 있고, 정의감을 가지고 있는 것으로 보입니다.

그렇다면 인간은 어떨까요? 인간은 단순히 공평성을 판단하고 정의감을 느끼는 것에서 끝나지 않습니다. 인간은 불평등에 대한 저항을 이해하고, 예측하고, 자기 것을 나눠주면서 갈등을 해결하려고 합니다. 다시 말해, 영장류는 모두 정의감을 가졌지만, 인간만이 정의의 문제를 해결하는 힘을 가지고 있는 것이죠. 인간과 다른 영장류의 차이는 이러한 능력의 존재 여부에 달려 있습니다.

인간은 이렇게 여러 측면에서 차별화된 사회성을 가지고 있습니다. 결과적으로 호모 사피엔스가 '초사회적ultra-social 종'으로 진화했다는 이야기도 가능해집니다.

슈퍼 모방자의 진화

인간은 초사회적인 종일 뿐 아니라 가르치고 따라 하는 행동을 통해 문화를 축적해온 '슈퍼 모방자super imitator'이기도 합니다. 인간과 가장 가까운 종인 침팬지는 어떨까요? 서아프리카의 침팬지들은 큰 돌에다 견과류nut를 올려놓고 깨서 먹는, 이른바 '견과류 깨 먹기nut cracking'를 하는 반면, 동아프리카의 침팬지들은 흰개미 낚시질을 합니다. 서아프리카에도 흰개미가 있고 동아프리카에도 견과류가 있지만, 두 지역의 침팬지들은 서로 다른 방식으로 먹이를 얻습니다. 이는 침팬지 사회에도 문화 같은 것이 존재함을 알려줍니다.

문화 영장류학자들은 이러한 정보들을 바탕으로 아프리카의 여러 지역들에서 나타나는 침팬지 사회의 특징적인 행동들을 체계적으로 정리하여 문화 지도를 만들기도 했습니다. 이러한 문화는 따라 하는 행동, 즉 모방을 통해 만들어지는 것이죠. 결국, 침팬지도 어느 정도의 모방력을 갖고 있고, 그로부터 문화 비슷한 것을 만들어낼 수 있음이 입증된 셈입니다.

하지만 침팬지의 모방 능력은 인간의 그것과는 좀 달라요. 이 사실을 알 수 있는 흥미로운 실험이 있습니다. 연구자가 속이 보이지 않는 상자의 윗부분의 구조물에 몇 가지 조작을 순서대로 가하고 마지막에 상자 아랫부분에서 사탕을 꺼내는데, 이 모습을 침팬지와 아이에게 보게 했습니다. 그 결과, 침팬지와 아이 모두 연구자의 행동을 잘 따라 하여 사탕을 꺼낼 수 있었어요. 그다음, 이전 상자와 구조는 동일하지만 투명한 재질로 만들어 안이 훤히 들여다보이는 상자를 이용해 같은 실험을 했습니다. 이 상자를 자세히 보면 윗부분과 사탕이 들어 있는 아랫부분이 칸막이로 분리가 되어 있어 윗부분에 가해지는 조작이 사탕을 빼는 데 아무런 역할을 하지 못한다는 것을 알 수 있죠. 이번에는 결과가 어땠을까요? 침팬지는 사탕을 꺼내는 데 필요한 행동들만 골라 했던 반면, 인간 아이들은 사탕을 꺼내는 데 불필요한 행동들까지 모두 따라 했습니다!

이 실험은 인간이란 목표와 상관이 있든 없든 세부적인 절차와 과정들을 모두 따라 하지만 침팬지는 목표만 모방할 뿐 절차를 모방하지는 못한다는 점을 보여줍니다. 목표를 모방하는 능력은 침팬지뿐 아니라 다른 동물들에서도 찾아볼 수 있습니다. 인간이 아닌 다른 영장류들은 목표를 잘 따라 하고, 심지어 의도를 이해하기도 합니다. 하지만 그들은 인간과 달리 모든 절차를 정교하게 따라 하는 부분에 있어서는 무능하거나 아주 부주의합니다.

인간과 침팬지의 이러한 모방 능력 차이는 문화의 축적에 있어서도 차이를 가져옵니다. 인간이 이룩한 문명은 엄청나게 복잡한 지식의 총체입니다. 절차를 무시하고 목표만 좇았다면, 그 지식은 차곡차곡 쌓일 수 없었을 것입니다.

문화를 축적하는 데 있어 인간이 가지고 있는 중요한 특징은 단순한 모방을 넘어 적극적으로 가르친다는 데 있습니다. 침팬지의 경우 흰개미 낚시질을 5~6년 정도 배우는데, 여기서 배운다는 것은 그저 보고 시행착오를 거쳐 스스로 깨우치는 것을 의미합니다. 반면, 인간의 경우 배우는 아이에게 "잘한다"라고 칭찬하거나 "아니야, 이렇게 해야지"라며 잘못된 것을 고쳐주기도 합니다. 이러한 적극적인 가르침은 문화를 축적하고 축적된 문화를 유지하는 힘이기도 하죠.

이를 입증해주는 것이 그린란드의 이누이트족 사례입니다. 1820년대에 돌았던 전염병으로 인해 이누이트족의 노인들이 다 죽고 말았던 비극적인 사건이 있었습니다. 결국, 이들의 생활필수품이던 카약, 작살, 활 등을 만드는 기술을 가르쳐줄 사람이 모두 사라지게 되자, 이누이트족은 40년간 이 물건들을 만들지 못하게 됩니다. 쉽게 말해, 그동안 쌓아왔던 기술 문명이 가르침의 부재로 무너지게 된 것입니다.

목표만 모방할 줄 알고 눈으로만 배우는 침팬지는 초보적 형태의 문화를 가지고 있기는 하지만 이를 축적하는 데는 실패했죠. 반면 인간은 절차를 그대로 따라 하는 특별한 모방 능력과 적극적으로 타인을 가르치는 사회적 학습 시스템을 기반으로 하여 인지 자본cognitive capitals을 축적하고 이를 후대에 전달할 수 있었습니다.

물론 침팬지 사회에도 혁신적인 침팬지가 있습니다. 그러나 이 침팬지의 행동은 전파되기 어려울 뿐더러 지속되지 않아요. 즉, 혁신은 일어날 수 있지만, 모방과 가르침을 통한 축적은 일어나지 않는 셈이죠.

조금 다른 방식으로 표현하면, 침팬지는 매 세대가 항상 같은 출발 지점에 있지만, 우리 인간은 아이작 뉴턴Isaac Newton이 "내가 더 멀리 볼 수 있었던 것은 거인의 어깨 위에서 세상을 바라봤기 때문"이라고 말했듯 전前 세대가 이룩한 것에서부터 출발하기 때문에 세대가 지날 때마다 출발 지점도 앞으로 당겨지게 되는 것입니다(물론 뉴턴이 말한 거인은 데카르트René Descartes이지만 말입니다). 인간은 이런 점에서 '슈퍼 모방자'라고 할 수 있습니다.

우리 인간은 아이작 뉴턴이 "내가 더 멀리
볼 수 있었던 것은 거인의 어깨 위에서
세상을 바라봤기 때문"이라고 말했듯
전前 세대가 이룩한 것에서부터
출발하기 때문에 세대가 지날 때마다
출발 지점도 앞으로 당겨지게 되는 것입니다.
인간은 이런 점에서 '슈퍼 모방자'라고
할 수 있습니다.

전 지구적으로 퍼져나가 문명을 이룩하며 생존해온 인간은 생태학적으로 전례가 없는 지구의 지배자입니다. 이렇게 될 수 있었던 것은 인간이 눈치가 발달한 초사회적 동물이고, 눈썰미가 있는 슈퍼 모방자이기 때문입니다. 인간 고유의 사회성으로 큰 규모의 집단을 유지하고, 다른 사람으로부터 적극적으로 배우고 모방하여 문화를 축적함으로써 우리는 우리의 사촌 종 침팬지와 다른 길을 걸을 수 있었던 것입니다.

인간을 '지배하는' 또 다른 복제자

"새로이 등장한 수프는 인간의 문화라는 수프다. 새로이 등장한 자기 복제자에게도 이름이 필요한데, 그 이름으로는 문화 전달의 단위 또는 모방의 단위라는 개념을 담고 있는 명사가 적당할 것이다. 이에 알맞은 그리스어 어근으로부터 '미멤mememe'이라는 말을 만들 수 있는데, 내가 원하는 것은 '진gene (유전자)'이라는 단어와 발음이 유사한 단음절의 단어다. 그러기 위해서 위의 단어를 밈meme으로 줄이고자 하는데, 이를 고전학자들이 이해해 주기를 바란다. 위안이 될지 모르겠지만, 이 단어가 '기억memory',

또는 프랑스어 'meme'이라는 단어와 관련 있는 것으로 생각할 수도 있다."

— 리처드 도킨스Richard Dawkins의 《이기적 유전자The Selfish Gene》(을유문화사, 2010) 중에서

초사회적 슈퍼 모방자인 인간은 문화와 가치를 만들어내는 존재이지만, 반대로 문화와 가치가 인간의 손을 떠나 준자율성을 가지고 오히려 우리를 옥죄기도 합니다. 이는 일찍이 리처드 도킨스가 말했던 '밈meme'과 통합니다. 위의 인용구에 나타나 있듯 밈은 문화 전달 단위 혹은 모방 단위로, 유전자처럼 복제자이나 유전적 적응도와 항상 같은 방향으로 움직이지는 않습니다.

'강남 스타일'이라는 댄스 유닛, 노래 유닛이 아주 짧은 시간 동안 전 세계로 퍼진 것 등 다양한 문화 현상을 밈이라는 개념으로 설명할 수 있습니다. 소크라테스의 죽음에 대해서도 밈으로 설명할 수 있죠. 소크라테스는 자신이 만들어놓은 가치 때문에 자신의 유전적 적응도를 완전히 끝내버렸습니다.

돼지나 침팬지, 닭과 같은 동물들이 신념을 지키기 위해 죽는 것을 본 적 있나요? 이 동물들은 모두 생존과 번식을 위해 삽니다. 하지만 인간은 아주 독특하게도 유전적 적응도와 반대 방향에 있는, 자신이 만들어놓은 가치에 인생을 송두리째 맡기기도

합니다. 자본주의 같은 제도도 인간이 만든 것이지만, 결국 그런 것들이 자기 생산, 자기 복제를 하면서 오히려 인간을 소외시키기도 하는 것이죠.

과학적 인간학: 인간에 대한 과학의 답

인류의 역사에서 '인간은 어떤 존재인가?' '어떻게 이런 엄청난 종이 되었나?' 하는 질문의 답을 찾는 작업은 종교의 영역에서 과학의 영역으로 바뀌어왔습니다. 과학은 우주적, 자연적 존재로서의 인간 실존에 대한 이해를 증진시켜왔으며(진화론적 실존주의), 가치와 의미를 추구하는 인간 본성에 대해 더 깊은 이해를 제공해왔습니다(인간 독특성의 진화론).

더 나아가 과학은 가치를 이끌어내는 과정에서 중요한 역할을 합니다. 사실언명과 가치언명의 결합으로 새로운 가치언명이 도출되듯이, 우리가 추구하고자 하는 가치를 만들기 위해서 사실적 탐구와 사실적 언명은 반드시 필요합니다. 여기서 사실에 해당하는 부분을 진화론이 업데이트해줄 수 있을 것입니다(진화론적 인간학). 또한, 인간 본성에 대해 우리가 당위적인 가치를 가지기 위해서도 진화론적 접근이 필요합니다. '해야 한다'는 당위를 주장하기 위해서는 '할 수 있음'을 만족시켜야 합니다. 무언가를 해야 하려면 일단 그것을 할 수 있어야 하기 때문이죠.

진화론은 인간 본성과 관련하여 우리가 무엇을 할 수 있는지를 알려줄 수 있으며, 우리는 그 할 수 있는 것들로부터 가치를 이끌어낼 수 있습니다. 이런 점들에서 인간 본성에 대한 진화과학적 접근이 가치의 문제와 별개가 아니며, 오히려 긴밀하게 연결되어 있음을 확인할 수 있습니다.

과학의 사상과 가치들이 모두 하나였던 지성사를 돌아보아도, 과학은 언제나 인간에 대해 고민하고 자연과 우주에 대해 어떤 식으로든 대답해왔습니다. 지금의 과학도 마찬가지입니다. 그리고 이것이 바로 과학적 인간학이라고 할 수 있습니다.

문사철 인문학을 넘어 과학적 인간학으로

"애플사의 DNA는 이것입니다. 테크놀로지 하나만으로는 충분하지 않다는 것! 우리의 가슴을 노래하게 만드는 것은 핵심교양 liberal arts과 결혼한 테크놀로지technology, 인문학humanities와 결혼한 테크놀로지입니다."

— 스티브 잡스Steve Jobs, 고별 강연회(2011.3)에서

스티브 잡스는 이 말을 통해 (문사철 중심의) 인문학을 해야 한다고 주장한 것이 아닙니다. 기술만으로는 안 되며, 기술을 사용하는 인간에 대한 앎이 필요하다는 것을 말하고 싶었던 것입니다. 인간에 대한 앎은 인문학의 주제이기도 하지만, 그 앎을 인간에 대한 탐구라고 본다면 이에 대해 가장 새롭고 의미 있는 이야기들을 하는 것은 바로 과학이라고 할 수 있습니다. 이런 의미에서 과학은 21세기의 인문학이라고 할 수 있습니다.

마지막으로, 처음의 질문으로 돌아가 보겠습니다.

"과학은 가치에 침묵하는가?"

아닙니다. 과학은 인문학과 함께 가치에 기여합니다. 과학은 문사철 중심의 좁은 의미의 인문학을 넘어 인간을 객관적으로 보려는 시도를 하고 있습니다. 이제 문사철로 대변되는 인문학을 넘어 과학적 인간학으로 나아갈 때입니다.

"우리의 가슴을 노래하게 만드는 것은
핵심교양liberal arts과
결혼한 테크놀로지technology,
인문학humanities와 결혼한
테크놀로지입니다."

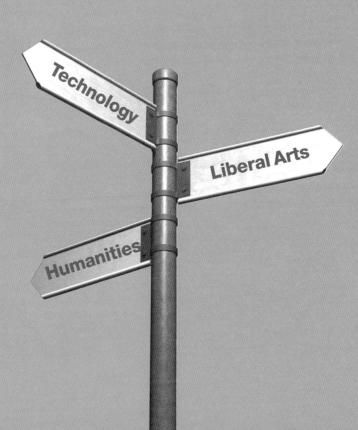

자본주의가
정의로울 수 있는가

by 장하성

나비 혁명을 일으키세요. 내일 당장 화염병을 들고 나가 싸우라는 이야기가 아닙니다.
조용히 혁명하세요. 여러분에게 기회가 왔을 때, 여러분 계층에 충실하게 투표하시면 됩니다.
그리고 이것을 여러분의 시대정신으로 삼으시길 바랍니다.

처음 이 자리에 서달라는 요청이 왔을 때 저는 거절을 했습니다. 평소 제가 대중 강연은 물론 TV 출연도 하지 않거든요. 아마 오늘 이후로 저를 또다시 만나기 어려우실 수도 있습니다. 게다가 이번 강연 구성을 보니, 전반적으로 인문학 강연이 많은데요. 과학 강연도 좀 있고요. 경제 이야기를 하는 강연은 제가 유일합니다. 그래서 '과연 이 자리에 내가 어울릴까' 하는 생각도 있었습니다.

그랬던 제가 마음을 바꾼 이유는 이 자리에 20~30대 청년들이 많이 올 거라는 이야기를 들어서였습니다. 청년들에게 평소 꼭 하고 싶은 말이 있었거든요. 오늘 이 자리를 통해 제가 던지는 질문이 여러분의 뇌리에 각인되어 두고두고 생각할 거리가 되었으면 하는 바람입니다.

'한국' 자본주의인가, 한국 '자본주의'인가

경제 이야기를 하기 전에 먼저, 한 문장을 보여드리겠습니다.

"주의가 조선에 들어오면 조선의 주의가 되지 않고, 주의의 조선이 되려 한다. 그리하여 주의를 위하는 조선은 있고, 조선을 위하는 주의는 없다."

이 말은 지금으로부터 90년 전, 북경에 망명 중이던 단재 신채호 선생께서 신념 칼럼에 쓰신 것입니다. 그런데 오늘날 한국의 경제 현실, 특히 자본주의 현실을 돌아볼 때, 90년 전 선생께서 하신 말씀이 그대로 들어맞는 게 아닐까 하는 생각을 하게 됐습니다.

최근 저는 이 말씀을 되새기며 《한국 자본주의》라는 책을 한 권 냈습니다. 책을 낸 출판사에서는 그렇게 제목을 붙이면 책이 안 팔릴 거라고 말하더군요. 그래도 밀고 나갔는데, 역시 기대한 만큼 팔리지는 않더라고요. 좀 섹시하게 '~가 말하지 않는 몇 가지', '~의 숨겨진 진실'과 같은 제목을 붙였어야 했는데, 너무 담백하게 정한 게 아닌가 싶습니다.

그래도 '한국 자본주의'란 제목을 붙인 걸 후회하지는 않습니다. 이 제목에는 제가 여러분들에게 던지고 싶은 근본적인 질문이 숨어 있기 때문입니다. 그 질문은 다음과 같습니다.

'한국' 자본주의인가, 한국 '자본주의'인가

'과연 한국이 어떤 자본주의 시장 경제 체제를 갖고 있는가'라는 질문에 우리 스스로 답할 수 있어야 오늘날의 이 답답한 상황을 벗어날 수 있을 것이라고 생각합니다.

자본주의가 사회주의나 공산주의와 구분되는 가장 큰 차이는 기본적으로 사유재산을 허용하고 보호하는 데 있습니다. 사회주의 체제 하에서는 국가가 모든 것을 소유하고 통제합니다. 시장 경제의 작동 원리는 경쟁입니다. 경쟁을 통해 더 많은 결과를 더 효율적으로 만들어낸다는 것입니다.

그러나 단순히 사유재산을 보호하고 경쟁하는 것이 시장 경쟁의 전부는 아닙니다. 그 사유재산은 정당하고 공정하게 취득한 것이어야 합니다. 그렇지 못한 재산은 시장을 유지시키지 못합니다. 따라서 정당하지 못한 취득 재산은 허용되어서도, 보호되어서도 안 됩니다.

진보-보수가 함께 만든
한국 자본주의의 모순

　바로 이러한 자본주의 시장 경제의 관점으로 한국 경제가 어떠한지 살펴봤더니, 참으로 많은 불공정 경쟁과 정당하지 못한 부의 축적이 있었다는 것을 알게 됐습니다. 그런 부분들이 오늘날까지 당최 바로잡히지 않고 있습니다. 이미 유럽에서는 보수/진보, 좌파/우파라는 것이 시대착오적인 이념적 대립 구조로 치부되는 상황에서, 한국 자본주의의 모순은 여전히 그 이념적 프레임에서 헤어나오지 못하는 진보와 보수 모두가 함께 만들어내고 있습니다.

　진보와 보수 모두 무언가를 지키려고 하긴 합니다. 과연 무엇일까요? 보수는 자신의 이권에 매몰된 나머지 기득권을 지키려 하고, 진보는 세상을 바꾸겠다는 이념에 매몰된 나머지 현실과 동떨어진 이념을 지키려고 합니다.

　먼저 보수부터 살펴보겠습니다. 우리나라의 대표적인 보수 집단으로 경제 쪽에서는 전경련, 정치 쪽에서는 새누리당을 들 수 있습니다. 이들은 자유 시장을 위해 자유민주주의 시장경제를 지향한다고 말합니다. 그런데 이 보수 집단들은 기득권을 지키기 위해 시장을 부정하는 행위를 너무나 쉽게 하곤 합니다. 시장이

보수
VS
진보

진보와 보수 모두 무언가를 지키려고
하긴 합니다. 과연 무엇일까요?
보수는 자신의 이권에 매몰된 나머지 기득권을
지키려 하고, 진보는 세상을 바꾸겠다는
이념에 매몰된 나머지 현실과 동떨어진
이념을 지키려고 합니다.

경쟁을 통해 효율을 내고 파이를 키우려면 그 경쟁은 반드시 공정해야 합니다. 하지만 많은 경우, 보수 집단들은 불공정 경쟁을 옹호하거나 심지어 불공정 경쟁을 추구하는 것처럼 보입니다. 자기 부정이죠.

반면 진보는 세상의 모든 문제가 자본에서 시작됐다고 말합니다. 문제는 대안을 말하지 않은 채 계속 문제 제기만 한다는 데 있습니다. 이는 그저 우리가 속한 현실과 체제를 부정하면서 대안을 모색하는 노력을 게을리하는 것에 불과합니다.

다른 각도에서 살펴보겠습니다. 지금의 현실을 타개하는 문제를 두고, 보수는 매번 규제 타령만 합니다. 일반적으로 많은 규제들은 시장에서 공정한 경쟁을 보장하기 위해 꼭 필요한 것입니다. 게다가 규제를 국민이 만들었습니까? 지금의 규제들은 자기 기득권을 지키기 위해 정부와 정치인들이 만들어낸 것이지, 국민이 만든 것이 아닙니다. 그런 규제를 문제만 생기면 사사건건 걸고넘어집니다.

같은 문제를 두고 진보는 함께 잘사는 평등 사회를 이룩해야 한다고 말합니다. (뒤에서 더 자세히 이야기하겠지만) 그러면서 원칙적으로 분배가 되지 않은 상태인데, 재분배를 해야 한다고 주장합니다. 재분배란 말 그대로 '다시 분배한다'는 의미로, 원래 분배가 잘못되어 정부가 다시 개입해 분배를 한다는 것입니다. 2014년 출간돼 돌풍을 일으킨 《21세기 자본 *Capital in the Twenty-First Century*》의 토마 피케티 Thomas Piketty 이야기도 그렇고, 최근 등장하는 진보 진영 의견의 초점은 대부분 재분배에 맞춰져 있습니다. 그러나 우리나라는 경우가 다릅니다. 재분배 이전에 분배 자체가 제대로 되지 않았다는 게 문제인 것입니다.

한편 보수는 대안을 내놓길, 자꾸 과거를 토대로 미래를 설계하자고 합니다. 경험은 자산이기도 하지만, 많은 경우 부채입니다. 새로운 미래를 설계하는 것은 여러분의 몫이지, 제 몫 나아가 저희 세대의 몫이 아닙니다. 미래는 여러분의 것이지, 제 것이 아닙니다. 저희 세대를 포함한 과거에 머물러 있는 많은 기성세대는 여러분이 주도할 미래에 이 땅에 있지도 않습니다. 그런데도 자꾸 미래를 설계할 필요가 없는 분들이 과거 경제 성장 위주의 개발경제시대 경험으로 미래를 설계하려고 합니다.

그러다 보니 나타난 현상이 보수들 대부분이 박정희 향수를 갖게 됐다는 것입니다. 그는 우리가 못살던 시절에 나라를 빈곤으로부터 탈출시켜준 대통령이기도 하지만, 독재를 했고 쿠데타로 정권을 탈취하기도 한 불행한 시대의 자화상이기도 합니다. 보수는 그런 시대를 그리워하면서, 국민들에게 자꾸 그런 시대의 향수를 불러일으키려고 합니다.

그런가 하면 진보는 우리나라와 맞지도 않는 유럽 선진국의 사례를 수입해 우리에게 적용하자고 합니다. 이는 남의 사진을 보면서 내 얼굴을 찾으려는 격입니다. 정작 아픈 건 나인데, 옆에 있는 환자의 처방으로 나를 치료하려고 하는 우매한 짓이라는 것입니다.

불공정 경쟁을 조장하는 보수의 문제

조금 더 구체적으로 양 진영의 문제를 살펴보겠습니다. 먼저 보수입니다.

보수의 궁극적인 이념은 '자유주의'입니다. 극단적 자유주의, 다시 말해 어떤 경우에도 정부가 자유를 제한해선 안 되며, 사유재산을 건드리면 안 된다는 것입니다. 이에 관해 미국의 자유주의 정치철학자 로버트 노직Robert Nozick은 '국가가 세금을 거둬선 안 된다'라는 주장을 펼쳤을 정도였습니다.

한국 자본주의의 가장 큰 문제는 '어쩔 수 없는 시대 상황' '짧은 기간의 압축 성장'이라는 변명을 일정 부분 우리가 받아들여, 한국의 많은 축적 사유재산이 불법, 불의, 부패로 만들어지는 데 일조했다는 것입니다. 이것은 이미 벌어진 일이죠. 현실이기 때문에 받아들여야 합니다. 그런데 이렇게 만들어진 재산을 어디까지 보호해야 한다고 보십니까? 앞으로의 정당성은 어떻게 확보해야 하는 걸까요?

한때 제가 대한민국에서 큰 이슈가 된 적이 있습니다. 대한민국의 재벌 총수들을 대상으로 수많은 소송을 걸었기 때문이죠. 대표적인 것이 삼성 SDS 건입니다. 1999년 삼성 SDS가 신주인수권부사채를 발행했고, 이로써 이건희 일가가 삼성 SDS 상장으로 수조 원을 벌게 된 적이 있었는데요. 이것이 부당한 일이라는 판단이 들어 검찰에 고발하고 소송을 걸어, 2009년 삼성 임원들이 유죄 판결을 받게 했습니다. 자그마치 10년이 걸린 법적 투쟁이었습니다. 당시 이재용 사장이 100억 원을 받아 투자한 것이 삼성 SDS가 상장되면서 2조 원이 됐습니다. 이런 부당한 재산 형성이 지금도 계속해서 반복되고 있습니다.

정말 이상한 한국 사회의 문제 중 하나가 경영권입니다. 회사의 최고경영자에게는 노동자, 공급자, 주주, 사회 등의 이해 당사자들을 위해 최선을 다할 의무와 책임이 있을 뿐 회사를 자기 마음대로 경영할 권리가 있지는 않습니다. 최고경영자가 회사에 대해 권리를 행사할 수 있다는 이런 인식은 오로지 우리나라, 대한민국에만 존재합니다.

현재 우리나라 사람들에게 삼성 그룹의 주인이 누구냐고 묻는다면, 대부분 이건희 일가라고 말할 겁니다. 하지만 사실 그들이 가진 삼성 지분은 4.7퍼센트뿐입니다. 상황이 이런데도, 어떻게 경영권이 3세, 4세까지 인정되어온 것일까요? 비단 삼성뿐만이 아닙니다. 국가의 미래가 걸린 여러 기업들의 경영이 어떻게 세습될 수 있는 것인지, 이것이 북한의 정권 세습과 대체 무엇이 다르단 것인지 이해할 수 없습니다.

정말 심각한 문제는 이제 한국 사회의 많은 사람들이 보수의 기득권 개념을 그대로 받아들이고 있다는 것입니다. '친 기업이 곧 친 시장, 친 재벌이 곧 친 자본주의'라고 생각한다는 것입니다. 시장에는 소비자도 있고 공급자도 있습니다. 그런데 어째서 기업에 유리한 것만이 시장 경제라는 매우 잘못된 개념이 자리 잡게 된 것인지 답답하기만 합니다. 이 잘못된 개념을 바탕으로 노무현, 이명박, 박근혜 대통령 모두가 똑같이 잘못된 정책을 만들었습니다.

그 결과, 한국 사회에서 벌어지는 많은 경쟁이 새로운 도전자의 성공보다는 기득권의 강화를 불러오는 부작용을 낳게 됐습니다. 경쟁이 효율성을 만드는 것은 순위가 바뀌는 역동성 때문입니다. 경쟁이 새로운 도전자의 성공을 위한 것이라면 경쟁을 제일 싫어하는 사람은 1등이어야 하고, 경쟁을 좋아하는 사람은 2등과 꼴등이어야 합니다. 경쟁은 2등이 1등이 될 수 있고, 꼴등이 바닥에서 탈출할 기회를 주는 것이어야 합니다.

그런데 재벌이 지배하는 한국 시장에서는 한번 1등이 영원한 1등이고, 순위가 바뀌지 않습니다. '도전하면 된다'는 희망적인 신화는 한국에서 더 이상 만들어지지 않고 있습니다. 정주영, 이병철 같은 창업자들은 이제 찾아보기 힘듭니다. 점점 도전이 성공하기 어려운 토양이 되어가면서, 도전하려는 사람들 자체가 많이 사라지고 있습니다.

경쟁의 목적은 기득권 없이 누구에게나 공평하게 기회를 준 다음, 더 나은 결과를 만들어가기 위해 함께 노력해나간다는 데 있습니다. 즉, 경쟁에 따른 성과를 함께 나누는 것, 이것이야말로 진정한 경쟁의 본질이라 할 수 있습니다. 분배 없는 경쟁은 무의미합니다. 승자 독식의 경쟁은 스스로 소멸하기 때문에 지속될 수 없습니다. 그런데 이런 본연의 의미를 잊고 한국에서는 분배 없는 경쟁이 불공정하게 펼쳐지고 있는 것입니다.

불평만 하고 있는 진보의 문제

그럼 진보는 문제가 없느냐? 진보는 끊임없이 자본주의 탓을

경쟁은 2등이 1등이 될 수 있고,
꼴등이 바닥에서 탈출할 기회를
주는 것이어야 합니다. 그런데 재벌이
지배하는 한국 시장에서는 한번 1등이
영원한 1등이고, 순위가 바뀌지 않습니다.
'도전하면 된다'는 희망적인 신화는 한국에서
더 이상 만들어지지 않고 있습니다.

합니다. 비판은 현실의 문제를 지적하고 대안을 마련하기 위한 것입니다. 그런데 비판이 대안을 제시하지 않고 현실 부정만으로 끝난다면 무의미합니다. 여러분, 자본의 대안이 있나요? 현재 우리 경제가 자본을 빼고 돌아간다면, 그렇게 해도 됩니다. 그런데 그게 가능합니까?

애덤 스미스Adam Smith의 《국부론An Inquiry into the Nature and Causes of the Wealth of Nations》이 나온 이후, 자본주의 역사는 250여 년이 흘렀습니다. 자본주의 초기에는 아주 잔인했습니다. 극소수의 자본가들이 대다수의 노동자들을 착취하는 일이 일상적이었으니까요. 이에 대한 반대급부로 1867년 위대한 철학자 칼 마르크스Karl Heinrich Marx가 《자본론Das Kapital》을 내놓으며, 마침내 사회주의의 이상을 이뤄냅니다. 그러나 모두가 알다시피 사회주의 실험은 현실에서 실패합니다. 이상理想으로서는 여전히 건재하지만, 현실 국가의 경제 체제를 대체할 만한 이념으로 여겨지진 않습니다.

그럼 자본주의를 부정하면 어떻게 하자는 걸까요? 누군가는 사회적 경제나 협동조합을 이야기합니다. 물론 이 두 가지는 자본주의의 많은 부작용을 완화시켜줍니다. 그러나 협동조합으로 국가 경제를 움직일 수는 없습니다. 이것은 자본주의에 대한 보완일 뿐이지, 대체가 아닌 것입니다.

여러분, 삼성전자의 1대 주주가 누구인지 아십니까? 많은 분들이 이건희 아니면 그의 가족 혹은 외국 주주일 것이라고 생각합니다. 그런데 외국 주주 가운데 삼성전자의 지분을 1퍼센트 이상 가진 자는 없습니다. 오히려 여러분과 제가 가진 지분이 훨씬 많습니다. 왜일까. 바로 국민연금이 1대 주주이기 때문입니다. 삼성전자뿐 아니라 국민연금은 현대자동차, 포스코, 엘지 등의 1대 주주이기도 합니다. 여러분이 열심히 일해서 아껴 모은 그 자본이 우리나라의 대표적인 대기업들에 들어간 셈입니다. 그만큼 자본이 대중화된 것이죠. 결국 현재의 자본주의는 극소수의 자본가와 절대 다수의 노동자가 극단적으로 대립하던 150년 전 자본주의의 모습이 전혀 아닙니다.

돈에는 두 가지 종류가 있죠. 내 돈 아니면 남의 돈. 자본은 주주 자본과 부채 자본 두 가지입니다. 협동조합 입장에서는 노동자가 낸 자본금이 내 돈이고, 빌린 돈이 부채입니다. 주식회사 입장에서는 주주 자본이 내 돈이고, 부채 자본이 남의 돈입니다. 일부 진보-좌파들은 주주 자본이 자본주의 문제의 근원이라고 합니다. 그렇다면 부채 자본이 주주 자본보다 좋다는 말인가요? 부채 자본은 반드시 이자와 원금을 모두 갚아야 합니다. 안 그러면 파산이죠. 그러나 내 돈인 주주 자본은 돌려주지 않습니다. 그리고 배당 안 줘도 됩니다. 주주 자본 때문에 파산하는 회사란 없습니다. 주식 시장에서 주주들이 정말 경망스럽게 주식을 사고팔아도 그 회사의 자본이 변하는 것도 아니고, 회사가 잘 되고 잘 안 되는 것과도 아무 관계가 없습니다. 그러나 회사가 갚을 능력이 안 되는 상황에서 부채 자본을 채권자가 돌려달라고 하면 회사가 어려워집니다. 그렇기 때문에 회사 입장에서는 주주 자본이 부채 자본보다 더 장기적이고 안정적인 자본입니다.

그런데 부채 자본이 주주 자본보다 좋다고 말하지 않으면서 주주 자본이 자본주의 세상의 모든 문제를 만드는 것처럼 말하는 것은 주주 자본을 부정하는 것이 아니라 사실은 자본을 부정하는 것입니다. 남의 돈인 부채 자본이 많으면 더 좋을 수 있나요? 떼어먹으려면, 그렇겠죠. 하지만 정상적인 경우라면, 내 돈이 더 많은 게 훨씬 좋을 겁니다. 즉, 회사 입장에서는 주주 자본이 부채 자본보다 좋다는 것이죠.

주주 자본을 비판하면서 주주 자본의 대안 자본으로서의 부채 자본을 말하지 않습니다. 그렇다고 주주 자본과 부채 자본 모두를 대체할 대안적 자본을 이야기하지도 않습니다. 그러면 어떻게 하라는 거죠? 자본을 부정하면서 대안을 말하지 않는 것은 무책임한 것입니다.

주주들의 이윤을 극대화하는 데 경영의 목적을 두는 주주 자본주의는 미국과 유럽에 뿌리 내리고 있는 경영 방식입니다. 한국에서는 유독 이 주주 자본주의가 성립되지 못하고 있습니다. 왜일까요? 이 주주 자본주의의 맹점을 거론하는 사람들이 상당히 많습니다. 그들의 주장 중 한 가지가 주주들 때문에 근시안적인 단기 성과주의 경영을 할 수 있다는 것인데요. 얼마 전 현대자동차가 10조 원을 들여 삼성동의 구舊 한국전력 부지를 사들인 것도 모두 주주 때문이었습니까? 한국에는 이걸 말릴 힘을 가진 주주도 없고요, 문제 삼는 주주도 없었습니다. 한국은 주주 자본주의가 아니라 총수 자본주의를 하고 있는 것입니다.

그런가 하면 일부에서는 주주들에게 배당을 주기 때문에 임직원들의 임금이 오르지 않을 거라고 비판합니다. 그러나 저는 이런 사실이 실제로 입증된 논문이나 통계, 분석을 한국에서 본 적이 없습니다. 한국에서 주주배당과 임금이 충돌했다는 사례를 들어본 적이 없습니다. 일부 진보-좌파들이 한국의 현실과 관계없는 미국과 유럽의 주주 자본주의를 한국의 현실인 양 오도하고 있는 것입니다.

정말 안타까운 것은 진보 진영이 좋은 뜻을 가지고 세상을 바꾸겠다고 말하고는 있지만, 대안을 내는 데 무력하다는 사실입니다. 이들은 항상 불평합니다. 그러면서 지난 20여 년간 한국에서 벌어진 경제 문제든, 정치 문제든 모두 그 원인이 신자유주의 때문이라고 합니다. 솔직히 저는 이 분들이 이야기하는 신자유주의가 무엇인지 잘 모르겠습니다. 실제로 2008년 금융위기 이후 신

우리가 원하는 세상은 우리 스스로
만들어가야 합니다. 무조건 현실을 비판하고
부정적으로 바라보기만 한다고 해서
바뀌는 사실은 하나도 없습니다.

자유주의 정책을 내세우는 정부는 더 이상 없었습니다. 그렇다고 세상이 저절로 좋아졌습니까? 전혀 아닙니다. 우리가 원하는 세상은 우리 스스로 만들어가야 합니다. 무조건 현실을 비판하고 부정적으로 바라보기만 한다고 해서 바뀌는 사실은 하나도 없습니다.

한국 사회의 부끄러운 실상

도대체 한국 사회가 어떻기에 제가 이런 이야기를 하는지 지금부터 도표를 중심으로 빠르게 보여드리겠습니다.

한국은 지난 20년간 일방적으로 불평등이 악화만 되어가고 있습니다. OECD 국가들 가운데 미국만큼 불평등이 심합니다.

미국은 1980년부터 30여 년간 완만하게 불평등이 악화되어왔지만, 우리는 고도성장을 이룩하던 1990년대 중반까지만 해도 불평등이 완화되는 양상이었다가 어느 순간부터 매우 빠른 속도로 불평등이 악화되고 있습니다. 심각합니다.

게다가 우리나라의 저임금 노동자 비율은 미국만큼 높습니다. 그 증가 추세는 훨씬 빠르고요. 고용 역시 불안정합니다. 임시 고

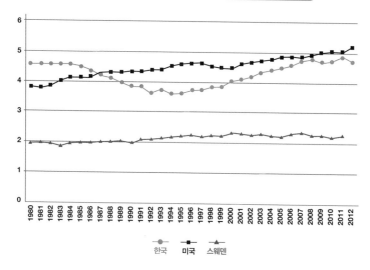

소득 불평등의 변화 추세, 임금 최상위 10% / 최하위 10%

– 상용근로자 총임금을 기준으로 한 것이다.
– 한국은 2000년 4.0, 2005년 4.5, 2010년 4.7, 2011년 4.9, 2012년 4.7이다.
– 한국의 임금 불평등 증가 추세는 미국의 추세와 유사하다.
– 스웨덴은 2011년에 2.3이며, OECD 회원국 중에서 가장 낮다.
자료: OECD, OECD.StatExtract, http://stats.oecd.org/

용 비율이 상당히 높고, 특히 비정규직 노동자들은 정규직 노동자의 절반밖에 임금을 받지 못합니다. 처음에 저는 이 이야기를 듣고 비정규직이 정규직보다 덜 일하는 줄 알았습니다. 하지만 실제로 둘의 노동 시간은 한 달에 3시간밖에 차이가 안 납니다. 비정규직이 결코 일을 덜 하는 것이 아니란 얘기입니다. 이러한 정규직, 비정규직 사이의 임금 격차는 국민을 1등 시민, 2등 시민

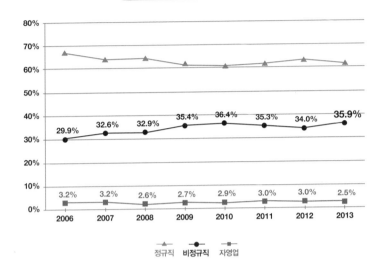

청년 세대 첫 일자리 고용 형태

	2006	2007	2008	2009	2010	2011	2012	2013
비정규직	29.9%	32.6%	32.9%	35.4%	36.4%	35.3%	34.0%	**35.9%**
자영업	3.2%	3.2%	2.6%	2.7%	2.9%	3.0%	3.0%	2.5%

▲ 정규직　● 비정규직　■ 자영업

- 조사대상은 만 15세에서 29세의 청년층 중 재학자,
휴학자를 제외한 최종 학교의 졸업자이다.
- 비정규직은 고용계약기간이 정해진 경우와 일시적 일자리를 포함한 것이다.
자료: 김두순, 청년층 일자리 진입 행태 분석,
〈고용동향브리프〉 2014년 5월, 한국고용정보원, 4쪽

으로 가르는 끔찍한 노동 상황이 아닐 수 없습니다.

또 하나 안타까운 것은 청년 세대의 첫 일자리 중 비정규직이 차지하는 비율이 최근 35.9퍼센트까지 증가했다는 사실입니다. 세 명 중 한 명 이상의 청년이 비정규직으로 사회생활을 시작하는 것입니다. 처음 비정규직으로 고용이 됐을 때는 '여기서 잘하

고 열심히 하면, 다음엔 정규직으로 가겠지'라고 생각하겠지만, 이후 계약이 연장되지 않고 두 번째 직장까지도 비정규직으로 시작할 경우 이 젊은이들은 사회를 원망할 겁니다. 그중 일부는 반체제 인사가 될지도 모릅니다.

이외에도 우리나라의 자영업자 비율은 2012년 28.2퍼센트

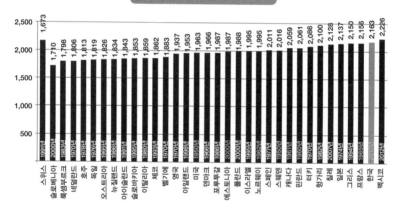

연간 노동 시간, OECD 회원국

- 그래프 설명: 한국의 2012년 연간 노동 시간과 비슷한 노동 시간을 기록한 각 나라의 과거 연도와 해당 연도의 노동 시간을 정리한 것이다. 따라서 국가별로 통계 연도가 다르다(예: 한국 2012년, 미국, 스웨덴 1950년, 핀란드 1960년, 캐나다 1961년, 노르웨이 1962년, 덴마크 1966년 등)
- 각 국가별 통계가 제공되는 첫 해의 노동 시간이 2012년 한국 노동 시간보다 작은 경우는 첫 해의 통계를 사용한 것이다.
- 각 국가별 통계가 제공되는 첫 해의 노동 시간이 2012년 한국 노동 시간보다 큰 경우는 2012년 한국 노동 시간에 가장 근사한 연도의 통계를 사용한 것이다.
자료: OECD, OECD.StatExtract, http://stats.oecd.org/

로 OECD 국가들 가운데 네 번째로 높습니다. 연간 노동 시간도 OECD 국가들 가운데 무려 2위입니다. 우리가 연평균 2,163시간을 일하는데요. 이는 프랑스의 50년 전 노동자들의 노동 시간보다 깁니다. 세계에서 가장 일벌레라고 알려진 일본의 1974년 노동시간보다도 더 깁니다.

지금까지 말씀드린 통계들이 의미하는 바가 무엇이라고 보십니까? 보기 쉽게 아래와 같이 정리해보겠습니다.

- 일을 많이 한다. …… 2위
- 임금 불평등이 심하다. …… 3위
- 저임금 노동자가 많다. …… 1위
- 고용이 불안정하다. …… 4위
- 청년 첫 일자리가 비정규직이다. …… 36%, 증가 추세!
- 비정규직 임금은 정규직의 …… 50%

그렇습니다. 일은 죽어라 하고, 임금은 불평등하고, 고용은 불안하고, 특히 젊은 세대에게는 미래가 어둡습니다. 이런 경제 구조가 줄곧 지속되고 있습니다. 그렇다면 이 상황에서 한국은 어떻게 바뀌었을까. 바로 양극화입니다.

하나 마나 한
경제 성장

양극화 문제가 정말 심각합니다. 현재 통계를 살펴보면, 중산층 인구 자체가 줄어들고 있는데요. 이 줄어든 비율의 3분의 2가 저소득층으로 추락하고, 3분의 1은 고소득층으로 가고 있는 실정입니다.

또, 경제의 세 주체를 가계, 기업, 정부라고 말하는데요. 국민들의 절대 다수가 금융소득이 아닌 임금소득으로 먹고삽니다. 이자나 배당금 같은 금융소득은 우리 소득의 1퍼센트가 채 안 됩니다. 그런데도 우리나라에서는 재산소득의 불평등만을 말하고 있어요. 더 시급한 건 임금소득의 불평등인데 말입니다.

보십시오. 노동소득 분배율이 80퍼센트에서 추락해 68퍼센트까지 내려왔습니다. 그러다 보니 국민총생산으로 만들어진 국민총소득을 세 주체(가계, 기업, 정부)가 나누어 갖는데, 가계에 배분된 몫이 줄어들고, 기업이 가져가는 몫이 갈수록 늘어납니다.

그러나 기업은 소비 주체가 아니고 투자와 생산의 주체입니다. 기업이 많은 것을 가졌을 때, 우리는 미래 성장을 위한 투자를 기대하게 됩니다. 그 결과는 가계소득의 반등으로 나타나야 마땅할 것입니다. 그런데 그래프를 보면 그렇지가 않습니다. 지난 15년 동안에 가계소득이 일방적으로 줄어들기만 했습니다.

가계소득의 추락은 임금으로 분배되는 몫이 줄어든 게 첫 번째 원인, 자영업의 영업 상황이 악화된 게 두 번째 원인이라고 할 수 있습니다. 1990년대까지는 경제 성장률이나 가계소득 증가율이

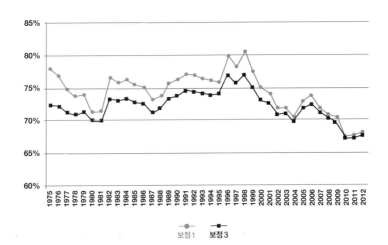

노동소득 분배율, 자영업자 소득 보정 이후

보정1　보정3

- 노동소득 분배율은 기업이 만들어낸 부가가치 중에서 노동자에게 분배된 몫의 비중이다.
- 노동소득 분배율은 외환위기 이후에 지속적으로 감소했으며,
  2010년은 1975년 이후 가장 낮다.
- 보정 1: 자영업자 소득 중 노동소득이 차지하는 비중이
  경제 전체의 노동소득 분배율과 같다고 가정
- 보정 3: 자영업자 소득 중 노동소득이 차지하는 비중이 2/3라고 가정
자료: 이병희, 홍민기, 이현주, 강신욱, 장지연, 경제적 불평등과 노동시장 연구,
연구보고서 2013-01, 한국노동연구원, 2013

나 기업소득 증가율이 비슷했습니다. 정부소득, 즉 정부의 세금 증가율은 국민총소득 증가율보다 높아서 균형 재정도 가능했습니다.

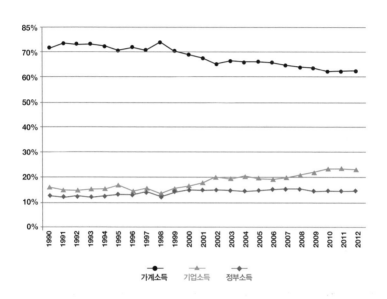

국민총소득 중 가계소득과 기업소득 비중

가계소득 기업소득 정부소득

−한국은행 국민소득 제도 부문 국민총소득의 구성비이다.
− 가계소득의 비중은 1990년 71.5%, 2000년 68.7%,
2012년 62.3%로 지속적으로 감소했다.
− 기업소득의 비중은 1990년 16.1%, 2000년 16.5%,
2012년 23.3%로 지속적으로 증가했다.
− 1990년~2012년 기간에 가계소득 비중은 6.4%p 감소했고,
기업소득 비중은 6.8%p 증가했다.
− 정부소득의 비중은 1990년 12.4%, 2000년 14.8%, 2012년 14.5%로 큰 변화가 없었다.
자료: 한국은행, 경제통계시스템, https://ecos.bok.or.kr/

그런데 2000년대 들어와서 무너집니다. 기업소득만 경제 성장보다 더 많이 늘어났죠. 금융 위기 이후에는 상황이 더 악화됩니다. 기업은 경제 성장률보다 두 배 반이나 높은 소득 증가율을 보이는데, 이제 가계뿐만 아니라 정부도 경제가 성장하는 만

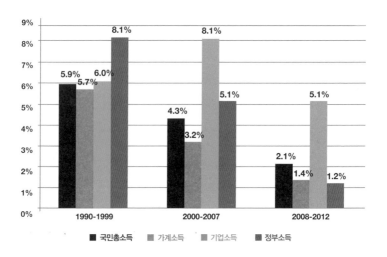

경제 성장률과 가계소득-기업소득 증가율의 격차, 연평균 증가율

- 1990년대는 가계소득, 기업소득의 증가율과 경제(국민총소득) 성장률에 차이가 없었다.
- 2000년대에 기업소득 증가율은 경제 성장률보다 두 배 가까웠으나
가계소득 증가율은 경제 성장률보다 낮았다.
- 2008년 금융 위기 이후에는 가계소득과 정부소득의 증가가
모두 경제 성장률에 못 미쳤고, 기업소득 증가만 경제 성장률을 두 배 이상 앞질렀다.
자료: 한국은행, 경제통계시스템, https://ecos.bok.or.kr/
한국은행 국민소득 제도 부문 국민총소득을 기준한 것임.
국민총소득 디플레이터GNI Deflator를 적용해서 실질가치로 전환한 증가율임

큼 소득을 가져가지 못합니다. 그러니 돈이 어디서 나서 복지를 하고, 재분배를 하겠습니까? 구조적 문제죠. 그러다 보니 한국은 OECD 국가들과 비교할 때 소득재분배 효과가 의미 없는 수준입니다.

지금까지 설명한 내용들을 다시 정리해보겠습니다.

· 중산층이 줄고 있다.
· 저소득층이 늘고 있다.
· 노동에 대한 분배가 줄고 있다.
· 가계소득이 늘지 않는다.
· 분배는 줄고, 재분배도 안 된다.

이렇게 중산층이 줄고, 저소득층이 늘고, 노동에 대한 분배가 줄고, 가계 소득이 안 늘고, 분배도 재분배도 안 되는 상황인데요. 그럼 경제 성장을 왜 하나요? 우리가 정말 심각하게 던져야 할 질문입니다.

재벌 배만 불리는
한국 경제

우리나라의 기업은 이윤을 가지고 투자를 충분히 하지 않습니다. 결국 우리나라에서 기업은 투자의 주체가 아닌 저축의 주체가 되었습니다. 가계는 당장 소비를 늘릴 여유가 없습니다. 그렇다면 기업이 소비 주체가 된다? 난센스입니다. 영국의 경제주간지 〈이코노미스트〉 기사에서는 일본과 한국 기업이 가진 돈의 절반을 풀면 세계 경제가 2퍼센트포인트 더 성장할 거라고 한 적이 있습니다. 좀 과장된 기사인 것 같지만, 기업이 돈을 풀면 한국은 분명 성장하긴 할 겁니다.

제조업 공동화라는 말 들어보셨죠? 제조업체들이 공장 설비 등을 인건비가 싼 지역으로 이전하여 국내에 사무실 정도만 남기는 상황을 말하는 것인데요. 이로 인해 우리나라에서도 일자리가 줄어드는 등 경제적 손실이 크다는 목소리가 높습니다.

그런데 OECD 회원국 중에서 제조업이 줄어들지 않은 나라가 한국과 칠레뿐입니다. 한국에서는 결코 제조업 공동화 현상이 일어나지 않았습니다. 그런 이야기는 그저 유럽과 미국의 사례를 검증도 하지 않고 "한국도 그러겠지" 하면서 떠드는 것에 불과합니다. 한국은 아직도 제조업이 강건합니다.

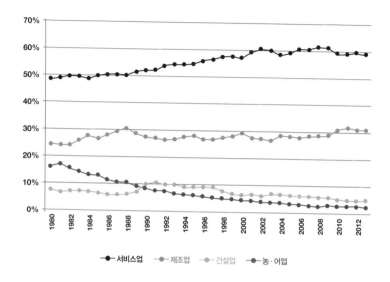

GDP 산업별 구성 비중, 1980-2013

- 2013년 GDP 구성 비중: 제조업 31.1%, 서비스업 59.1%, 건설업 5.0%, 농·어업 2.3%
- 1990년 GDP 구성 비중: 제조업 27.3%, 서비스업 51.4%, 건설업 9.5%, 농·어업 8.4%

자료: 한국은행, 경제통계시스템, https://ecos.bok.or.kr/

　　그리고 한국이 주주 자본주의를 한다고들 말하는데요. 흔히들 주주 자본주의가 영미식 자본주의라고 알고 있는데, 실상 영국과 미국에서 주주 권리는 그리 높지 않습니다. 주주 권리가 제일 강한 나라가 덴마크, 노르웨이, 스웨덴, 핀란드입니다. 오히려 유럽식 자본주의, 정치적으로 말하면 사회민주주의 또는 민주사회주의를 표방하는 나라에서 주주 권리가 더 강합니다. 자본이 대중화되었기 때문입니다.

노동자가 번 돈을 모은 것이 자본이라, 노동자 권리가 강해지면 소비자 권리도 강해지고, 투자자 권리도 강해집니다. 노동자가 경영에 참여하는 독일도 영국이나 미국보다 주주 권리가 강합니다. 주주 권리가 법에만 존재하지 실질적으로 행사될 수 없는 한국은 60개 국가 중 최하위권으로 논할 위치에 있지도 않습니다.

배당이 높아서 임금이 못 올랐다는 말 역시 난센스입니다. 현재 배당금은 임금의 5퍼센트 수준입니다. 표에서 보시다시피 임

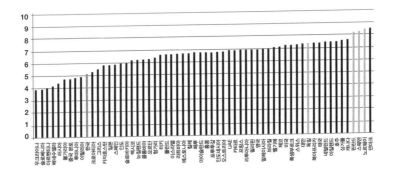

주주 권리가 충분히 실행되고 있는가, IMD World Competitiveness, 2013

― 금융 평가 항목 중 Shareholders' Rights:
"Shareholders' rights are sufficiently implemented"이다.
― 0~10 점수로 평가하며, 높을수록 좋은 평가이다.
― 한국은 조사대상 60개 국가 중에서 51위이다.
자료: IMD World Competitiveness Yearbook, 25th edition, 2013

금은 명목적으로 늘었지만, 배당금은 오히려 줄었습니다. 이 둘은 대립과 충돌 관계가 아닙니다. 미국과 유럽에서 충돌한다고 해서 한국에서도 그 둘이 충돌한다고 주장하는 것은 한국의 현실을 들여다보지 않은, 말도 안 되는 일입니다.

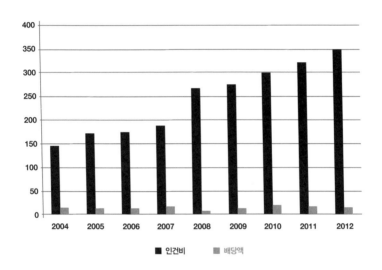

배당 때문에 임금이 오르지 않는다? 인건비와 배당액: 전산업

	2004	2005	2006	2007	2008	2009	2010	2011	2012
배당액/인건비(%)	9.7	8.3	7.6	7.8	3.1	5.0	6.7	5.6	4.5

자료: 한국은행, 기업경영분석, 경제통계시스템, https://ecos.bok.or.kr/
기업경영분석 조사 대상, 방법의 변화가 있는 경우 최근의 통계를 사용한 것이다.

한국에서 시장을 지배하는 건 몇 개의 그룹, 특히 재벌 그룹입니다. 그야말로 반 경쟁 체제입니다. 두말할 것 없이, 대기업과 중소기업의 격차가 가장 심한 국가도 한국입니다. 왜일까요?

2014년 〈포브스*Forbes*〉 기사에 따르면, 미국은 100대 부자 가운데 78명이 창업자이고 22명이 상속자라고 합니다. 심지어 미국에서는 초기 산업을 일으켰던 카네기와 록펠러의 후손들조차 100대 부자 축에도 못 낍니다. 그에 반해 2010년 재벌닷컴의 조사에 따르면 한국의 100대 부자 중에서 창업자는 22명, 상속자는 78명이나 된다고 합니다. 한국에서는 더 이상 개천에서 용이 안 납니다. 이것이 한국 자본주의의 현실입니다.

한국에서는 서비스업이 미래 산업이다? 절대 아닙니다. 왜? 재벌들이 모두 내 것은 내가 다 해먹으니까 그렇습니다. 아래 표를 보세요. 우리나라 재벌 기업 가운데 서비스업에 진출한 기업의 수입니다.

	SI 사업	운송—물류	건설업	골프장	호텔	광고업
10대 재벌	9	9	7	10	8	7
20대 재벌	16	16	16	16	12	16
30대 재벌	22	20	23	22		

그런가 하면 한국이 IT 강국이라는 말도 나옵니다. 하드웨어 분야만 생각하면 그렇지만, 소프트웨어를 생각하면 아닙니다. 세계적 광고 회사 역시 한국에서 나올 수 없습니다. 왜? 재벌들이 다들 자기만의 회사를 가졌으니까요. SI, 물류, 광고, 레저 같은 단일 분야에서 삼성전자나 현대자동차와 같은 글로벌 기업이 나올 수 없는 구조입니다. 재벌 그룹들이 계열사들에게 일감 몰아주기를 하니 독립적이고 경쟁력 있는 기업이 살아남을 수 없는 것입니다.

변화를 만들어가기 위하여

이즈음에서 우리는 스스로에게 다시 물어야 합니다.

여전히 경제 성장률이 높은 한국. 그런데 그 성장의 성과는 누가 가져갔을까요? 우리는 왜 가져가지 못하는 것일까요? 그 이유가 잘못된 재분배에 있습니까? 정부가 제 역할을 제대로 하지 못해서 그런 것일까요, 기업이 분배를 하지 않아서 그런 것일까요? 계속해서 이런 방식으로 미래 성장을 추구할 수 있습니까? 혹은 분배 구조를 바꿔야 합니까?

소비를 하려면 소득이 있어야 하고, 소득이 있으려면 분배가 이루어져야 합니다. 이 통로를 막고 산업 구조만 가지고 성장한다는 건 말이 안 됩니다.

그다음 질문입니다.

"한국 자본주의 버리겠습니까, 고쳐 쓰겠습니까?"

대안이 없으니, 어쩔 수 없이 고쳐 써야 합니다. 이미 지난 선거 때 '경제 민주화' 그리고 한 발짝 더 나아가 '정의로운 자본주의'에 관한 이야기가 나왔습니다. 자본주의가 정의롭다는 말은 형용모순적이긴 하지만, 개념을 만들어볼 수는 있습니다. 흔히들 '정의란 무엇인가'를 이야기할 때 아리스토텔레스Aristoteles를 거론하곤 합니다. 아리스토텔레스는 각자의 몫을 각자에게 주는 것이 정의라고 말했는데요. 중요한 지적입니다. 우리가 정의로운 분배를 이룰 수 있다면, 정의로운 자본주의를 실현하는 게 어려운 이야기만은 아닙니다. 그러려면 우리가 다 함께 사는 공동체에서 평등의 가치를 인식하고, 시장에서 개인의 자유로운 선택이 가능해야 하며, 분배는 공정하게 이루어져야 할 것입니다. 그렇다면 이런 변화를 어떻게 만들 수 있을까요?

방법은 세 가지, 바로 점진적 변화, 혁명, 개혁입니다. '점진적

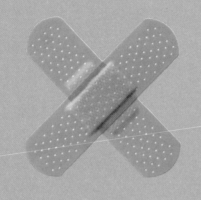

한국 자본주의 버리겠습니까,
고쳐 쓰겠습니까?
대안이 없으니,
어쩔 수 없이 고쳐 써야 합니다.

변화'라는 표현은 기득권자들이 자기 논리를 설득하려고 할 때 흔히 하는 말입니다. 급격한 변화가 이루어지면, 세상이 살기 힘들고 비용도 많이 들어간다는 것입니다. 그러나 세상은 우리 모두가 함께 만들어가야지, 진화에 맡길 수는 없습니다. 진화는 미래 예측을 하지 못합니다. 미래는 흘러가는 대로 두는 것이 아니라 만들어가야 하는 것입니다.

다음으로 혁명. 저는 혁명을 했으면 좋겠습니다. 세상이 빨리 바뀌게 말이죠. 그런데 우리에게는 그럴 힘도 없거니와 혁명은 피를 부르기 때문에 선택할 수 없습니다.

결국 남은 선택지는 개혁입니다. 그렇습니다. 우리는 주어진 체제를 바꾸는 개혁을 해야 합니다. 개혁은 가능할까요? 우리에게 사회가 지향하는 가치와 목표가 있다면, 그에 따른 정책 대안은 얼마든지 만들 수 있습니다. 얼마든지요. 건방진 얘기로 들릴지 모르지만, 제 책에는 그런 이야기를 지루할 정도로 풀어놨습니다.

정책 대안을 마련했으면, 이제 실천해야 합니다. 이때 현실적으로 그런 정책 대안을 실현시키기 어렵다는 이야기가 터져 나오곤 합니다. 어불성설입니다. 실제로 미국에서는 이 모든 일이 가능했습니다. 미국에서는 40년대 초반 불평등이 확 줄어듭니다. 그렇게 미국에서는 35년 이상 매우 평등한 사회가 진행됐습니다.

이때 미국 사회가 평등해진 것은 루스벨트Franklin Delano Roosevelt 대통령의 실천력 때문이었습니다. 그 덕에 이 시기에 아메리칸드림을 이뤄낸 사람들도 많이 나왔습니다. 그러다 미국은 레이건Ronald Wilson Reagan 대통령 이후 공화당이 집권하면서, 이런 시스템이 깨지는 바람에 다시 불평등 사회가 됐습니다. 정책의 성공으로 평등한 사회를 만들었고, 정책의 실패로 다시 선진국들 중에서 가장 불평등한 사회가 된 것이 미국입니다.

나비 혁명을 꿈꾸며

현재 한국 사회는 미국만큼 혹은 그 이상 불평등합니다. 그런데 왜 여러분은 분노하지 않으십니까?

더 기대할 것도 없다고 하면서 정의로운 정치인이 나서서 개혁을 주도해주었으면, 하는 분들이 아직도 많은 것 같습니다. 정치인에게 기대하지 마세요. 많은 정치인들을 지켜본 결과, 비전이 있으면 실천력이 없고, 실천력이 있으면 비전이 없음을 알았습니다.

물론 먹고살기 힘들어하고 각자 자기 일에 매몰된 채 살아가는 여러분들에게 "우리가 바꿔야 합니다!"라고 말하는 것이 무책임하게 느껴지기도 합니다. 우리가 매일 그런 활동을 할 수는 없거든요. 그러나 우리에게는 기회가 주어집니다.

여러분, 투표라는 민주적 절차에 의해 자본을 제어하십시오. 잘못된 구조를 바꿔야 합니다. 다른 데서도 말했지만, 우리나라에서 가장 자기 이익에 충실하게 투표하는 사람들이 강남 3구 사람들 그리고 60대 이상입니다. 60대 이상은 연금에 움직였죠. 젊은 사람들은 투표장에 안 갔습니다.

여러분, 특히 젊은 세대에게 묻고 싶습니다. 지금 젊은이들은 무척 어려운 상황에 놓여 있습니다. 그러니 김난도 선생이 펴낸 《아프니까 청춘이다》 같은 책을 많이들 보는 거겠죠. 좋습니다. 마땅히 위로받아야 합니다. 힐링이 필요합니다.

그런데 위로와 힐링으로 세상이 바뀌었나요? 물론 위로도 필요하고 힐링도 필요하지만, 그것이 현실을 외면하게 하고 스스로의 변화를 포기하게 하는 변명거리가 되었다면 곤란합니다. 저는 청년 시절 기성세대들의 "세상을 긍정적으로 살라"는 말을 싫어했습니다. 주어진 현실을 인정하고 그 안에서, 틀에 맞춰 살라는 얘기처럼 들렸기 때문입니다.

기성세대들이 여러분의 미래를 만들어주진 않습니다. 그분들은 그분들 기득권을 지켜야 하기 때문이죠. 거듭 말하지만, 미래는 여러분 스스로 만들어나가야 합니다.

세상이 기회를 주지 않는다고요? 기성세대가 70~80년대 민주화를 위해 싸울 때, 그들의 부모님들은 격려를 해주셨나요? 되려 야단만 치셨습니다. 그렇지만 적어도 그 세대는 꿋꿋하게 자기 미래를 개척했어요. 그런데 여러분 세대는 위로받으려고만 할 뿐, 저항하려 하지 않아요. 그래서인지 세대를 관통하는 정신이 없습니다. 페이스북에 음식 사진만 올리고요. 촛불을 들었다가도 곧 끝나버려요. 여러분 세대가 제대로 일어나는 걸 본 적이 없습니다.

받아들이지 마세요. 저항하세요. 요구하세요. 기회가 왔을 때!

"좋은 대학 가라, 안 가면 손해다" 같은 이야기에 "왜?"라는 질문을 던질 수 있어야 합니다. 여러분 스스로 바꿔야 합니다. 체제에 순응하지 마세요. 여러분에게 주어진 상황 탓을 하지, 여러분 자신 탓을 하지 마세요. 왜 여러분이 열심히 스펙 쌓으면서, 스스로를 스펙 쌓는 데 혈안이 된 못난 놈이라고 탓합니까? 체제와 시스템, 사회 탓을 하세요.

저는 이 이야기를 나비에 비유하고 싶습니다. 나비의 작은 날갯짓이 태풍을 만들 수도 있다는 '나비 효과'에 대해 들어보셨죠? 바로 그겁니다. 우연을 기대하지 마세요. 여러분이 작은 나비들처럼 다 함께 모여 날갯짓을 한다면, 여러분 스스로 태풍을 만들 수 있습니다.

나비 혁명을 일으키세요. 내일 당장 화염병을 들고 나가 싸우라는 이야기가 아닙니다. 조용히 혁명하세요. 여러분에게 기회가 왔을 때, 여러분 계층에 충실하게 투표하시면 됩니다. 저는 강북 우파들을 도무지 이해하지 못합니다. 자신의 경제적 계층에 맞게 투표를 해야 하는데 말입니다.

이제 심판하셔야 합니다. 약속을 지키지 않는 정치인들을 부디 잊지 말고 심판하세요. 그리고 이것을 여러분의 시대정신으로 삼으시길 바랍니다.

우연을 기대하지 마세요.
여러분이 작은 나비들처럼 다 함께
모여 날갯짓을 한다면, 여러분 스스로 태풍을
만들 수 있습니다. 나비 혁명을 일으키세요.

Q 정말 감동적인 강연 감사합니다. 저는 경제학과 통계학을 공부하는 대학원생인데요. 교수님 말씀 중에 빠진 이야기가 하나 있지 않나 싶었습니다. 교수님께서 말씀하신 경제 불평등 문제나 젊은 세대가 정치적으로 소극적인 문제가 실은 세대 갈등 문제로 연결되는 게 아닌가 생각합니다. 현재 자본을 소유하는 계층은 대개 5∼60대 이상이고, 비정규직, 전세, 집값으로 고통받고 육아로 괴로워하는 2∼30대들은 주로 자본가들에게 종속된 노동자인데요. 이들이 다시 정치적으로 무언가 일으키려고 해도 이미 인구 구조학적으로 이것을 풀기 어렵지 않을까 하는 생각에 좌절했습니다. 그래서 앞선 대선이나 총선에서도 60대 이상의 결집된 투표층을 과연 2∼30대가 노력해서 뒤집을 수 있을까 하는 의문이 굉장히 컸습니다. 결국 변화는 요원해졌고, 그에 따라 정치적으로 무관심해지고 있습니다. 이러한 세대 갈등 문제, 정치 문제의 인구 구조학적 측면을 어떻게 생각하시는지 궁금합니다.

A 젊은 세대가 정치적으로 소극적인 이유가 세대 갈등이나 인구 구조적인 면에 있는 것은 어느 정도 사실입니다. 세대 간 일자리 충돌 문제는 정책을 통해 충분히 해결할 수 있습니다. 그러나 젊은 세대가 정치적으로 소극적인 문제는 젊은 세대 스스로가 해결해야 할 문제입니다. 정치는 우리 모두의 삶을 실질적이고 현실적으로 지배하는 가장 큰 힘입니다. 정치인들을 믿을 수 없다고 해서 젊은 층이 정치를 외면하면, 정치

는 더욱 더 나빠지고 여러분의 미래는 망가지고 맙니다. 정치가 개판이라면, 이는 여러분이 정치적으로 무관심해져야 할 이유가 아니라 오히려 그 반대로 보다 적극적으로 정치적 권리를 행사해야 할 이유가 되어야 하는 것 아닌가요?

투표 연령층의 구성에서 20, 30대는 50대, 60대보다 약간 적습니다. 그러나 20대와 30대가 자신들의 문제를 아젠다로 설정해서 정치적 이슈로 만들고 적극적으로 투표한다면, 세상을 바꿀 수 있습니다. 예를 들어 보육 문제를 말씀드리고 싶은데요. 이는 100퍼센트 정부가 책임져야 합니다. 보육은 복지가 아닙니다. 국가의 미래를 위한 설계입니다. 젊은 세대가 일을 해야 경제가 돌아가는데, 육아를 개인에게만 책임지게 하는 것은 말이 되지 않습니다. 젊은 세대가 이 부분을 강력히 요구해서 권리를 찾아야만 한국의 미래가 있고, 다음 세대에게 희망이 있는 것입니다. 보육은 국가 미래의 문제이니 만약에 젊은 층이 정치 이슈로 만든다면, 40대 중년층만이 아니라 노년층도 상당수가 여러분을 지지할 것이라 생각합니다.

거듭 말씀드리지만, 이 모든 것이 투표로 가능합니다. 현재의 인구 구조를 보면 20, 30, 40대만 자신들의 이해에 충실하게 투표해도 충분히 가능합니다.

생각은
어떻게 탄생하는가

by 데니스 홍

창의력이란 새로운 것을 만들어내는 능력이 아니라 기존의 것들을
연결시키는 능력입니다. 또한 아이디어야말로 세상을 바꾸는 행동의 시작이란 마음가짐을
갖는 것이 중요하다고 강조하고 싶습니다.

저는 로봇을 연구하고 로봇 기술을 개발하는 로봇 공학자입니다. 뇌 과학자도 아니고, 심리학자도 아닙니다. 그런데 오늘 제가 여러분께 '생각의 탄생'이란 주제로 이야기를 꺼낸다는 것이 좀 의아하게 느껴지실 수도 있을 것입니다.

　제가 만든 로봇들 중에는 정말로 신기한 것들이 많습니다. 이를 본 사람들은 제게 어디에서 그런 창의적인 생각들이 나오느냐고 종종 묻습니다. 저도 곰곰이 되뇌어봤지만, 뚜렷한 한 가지가 떠오르진 않았습니다. 그래서 오늘 이 기회를 빌려, 여러분과 제 머릿속을 열어보고, 창의적인 생각이 어떻게 나오는 것인지 함께 살펴볼까 합니다.

창의력이란 관계없는 것들을
새롭게 연결시키는 것

사전적 의미의 창의력이란 무언가 새로운 것을 만들어내는 능력이라고 합니다. 하지만 제가 생각하는 창의력이란, 무無에서 유有를 만들어내는 것이 아니라, 기존에 있는 것들 가운데 전혀 관계없는 것들을 연결시키는 능력, 그래서 새로운 것을 조합해내는 능력입니다. 몇 가지 예를 들어보겠습니다.

제가 만든 로봇 가운데 스트라이더STRiDER라는 로봇이 있습니다. 다리가 세 개 달린 생체 모방형 로봇인데요, 그 모양이 카메라 삼발이를 닮았습니다. 과연 이 로봇은 어떻게 움직일까요? 뒤집어져서 굴러갈까요? 점프하면서 이동할까요? 옆으로 돌아가며 움직일까요? 국제로봇학회에서 발표한 이 로봇을 보고 세계의 많은 로봇 전문가들이 깜짝 놀랐습니다. 스트라이더에서 어디에서도 볼 수 없는 이동 메커니즘을 보았기 때문이었죠.

다리가 세 개인 스트라이더는 두 다리 사이로 나머지 한 다리가 지나가면서 이동합니다. 앞으로 넘어지면서 두 다리 사이로 한 다리가 스윙하며 넘어지는 몸을 잡아주고, 또 다른 한 다리가 나머지 두 다리 사이로 스윙하면서 걷는 신기한 방식이지요. 아주 간단한 원리로 보이지만, 다른 그 어떤 곳에서도 찾아볼 수 없

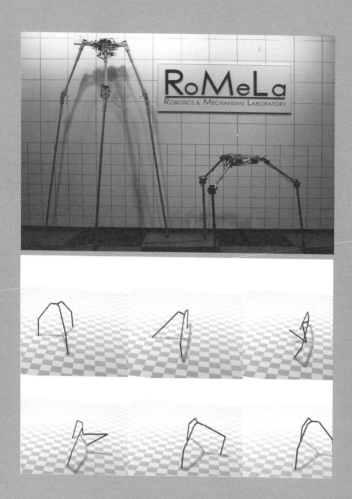

STriDER

<u>S</u>elf-excited
<u>Tri</u>pedal
<u>D</u>ynamic
<u>E</u>xperimental
<u>R</u>obot

는 방식입니다. 이 생각은, 아이디어는 어디서 나왔을까요?

대학원생 시절, 저는 공부를 하다가 머리를 식힐 겸 공원에 가곤 했습니다. 하루는 어느 날 여느 때처럼 벤치에 앉아서 쉬고 있는데, 옆 벤치에 앉아 있는 한 아주머니가 그 아주머니의 딸인 듯한 여자아이의 머리를 땋아주는 모습을 보게 됐습니다. 이때 머리카락 두 묶음 사이에 한 묶음을 넣고, 다른 머리카락 두 묶음 사이에 또 한 묶음을 넣어 땋는 프로세스를 처음 보았습니다.

눈치 채셨나요? 그렇습니다. 머리카락 두 묶음 사이에 한 묶음을 넣어 땋아 내리는 것에서 영감을 얻어 만든 로봇이 바로 스트라이더입니다. 전혀 관계없는 것들, 머리를 땋는 것과 로봇을 새롭게 연결하여 창의적인 이동 메커니즘을 탄생시킨 것이지요.

또 다른 로봇을 하나 소개해드릴까 합니다. 이 친구의 이름은 찰리CHARLI입니다. 저희 연구소에서 모든 것을 연구하고 개발한 찰리는 사람의 형태를 띤 휴머노이드 로봇입니다. 밀어도 넘어지지 않고 균형을 잘 잡고, 인공지능을 사용해 주위를 보고 인식하여, 자동으로 움직이는 자율형 로봇이죠. 우리는 찰리를 연구 및 교육용으로 개발했는데, 찰리는 축구도 아주 잘한답니다.

우리는 찰리를 로보컵RoboCup이라는 세계적인 로봇 축구 대회에 출전시켰습니다. 로보컵은 2050년까지 인간 월드컵 우승 팀과 경기를 해 로봇 축구팀이 이기는 것을 목표로 하고 있답니다.

찰리는 스스로 경기장을 살펴 자기의 위치를 알아내고, 공을 찾아내고, 이 공으로 드리블도 하고 슈팅도 합니다. 로봇들은 자율적으로 움직이기 때문에 전혀 사람의 개입 없이 스스로 판단하고 작동합니다.

물론 인간과 비슷한 수준이 되려면 아직도 멀었습니다. 그러나 찰리는 로봇들 사이에선 이미 최고입니다. 2011~2014년에 연속 우승을 거두며, 전 세계에서 가장 축구를 잘하는 로봇으로 인정받게 됐습니다. 아주 유명한 로봇이 되었죠.

찰리를 처음 개발할 때, 문제는 무릎이었습니다. 처음 설계된 찰리의 무릎은 힘이 많이 들어갔고, 또 움직임의 범위가 제한되어 있었습니다. 사람처럼 자연스럽게 무릎이 구부러지지가 않았습니다. 저는 "어떻게 하면 찰리에게 사람 같은 무릎을 만들어줄 수 있을까?" 하는 고민에 빠졌습니다.

문득 2년 전 미국 뉴욕에 있는 자연사박물관에 갔던 기억이 떠올랐습니다. 당시 저는 전시돼 있던 선사시대 어떤 사슴의 화석과 그 사슴에 관한 설명에서 이 사슴의 무릎 뼈가 이중 풀리pulley 구조로 되어 있는 것을 보고, 이것이 신기해 사진도 찍고 또 간단히 스케치도 해놓았습니다. 2년이 지나 찰리의 설계 문제점을 고민하던 중, 그 스케치에서 마침내 찰리의 무릎을 어떻게 설계할 수 있을지 아이디어가 떠올랐던 겁니다. 미국 최초의 휴머노이드

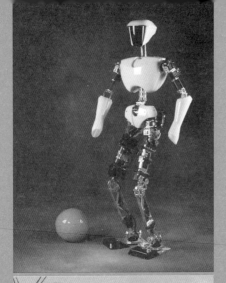

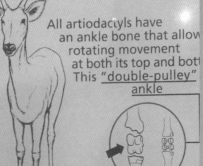

All artiodactyls have an ankle bone that allow rotating movement at both its top and bott This "double-pulley" ankle

enhances the motio used in leaping and bou

AMNH 11202, collected by F. Ameghino prior to Mercedes, Argentina
Blastoceros pampaeus lived 30,000 years ago, in the Pleistocene Epoch

CHARLI

Cognitive
Humanoid
Autonomous
Robot with
Learning
Intelligence

로봇이라 인정받고 있는 찰리는 바로 이렇게 탄생했습니다.

스트라이더와 찰리 말고도 지난 10여 년간 제가 로봇을 만들어 온 과정들을 살펴보면, 실제로 이렇게 로봇이 아닌, 다른 것들을 관찰하여 아이디어들을 얻은 경우가 많답니다. 그래서 저는 창의력이란 무에서 유를 만드는 것이 아니라, 유에서 유를 만드는 것이란 깨달음을 얻게 되었습니다. 즉, 기존에 있는 것들 가운데 전혀 관계없는 것들을 서로 잘 연결시킬 줄 아는 능력. 이것이 바로 창의력이라는 것입니다.

연결을 위해서는 연결시킬 기억들이 많아야 한다

관계없는 것들을 서로 연결시키는 것. 말은 참 쉽죠? 막상 어떻게 그런 능력을 키울 수 있을까 생각해보면, 막막한 게 사실입니다. 아주 심플하게 접근해볼까요? 서로 관계없는 것들을 연결시키는 것이 창의력이라면, 연결할 거리들은 뇌 속 정보와 데이터입니다. 이렇게 봤을 때 창의력이 좋아지려면 제일 먼저 연결할 거리들이 많아야 하지 않을까요?

연결시킬 정보와 데이터가 많아지려면, 일상 속 경험과 지식,

소통이 늘어나야 합니다.

먼저 일상 속 경험. 저는 여행을 무척 좋아하는데요. 익숙한 곳에서 벗어나 새로운 것을 경험하는 걸 즐깁니다. 그때마다 영감이 떠올라 창의적인 생각을 하는 데 정말 도움이 되죠. 이렇게 얻은 풍부한 경험 자산 그리고 다양성에 대한 인식과 관심은 여러 분야에서 창의성을 높입니다.

다음으로 지식. 흔히 창의적인 사람들은 노력형이라기보다 천재형에 가깝다고 생각들 하는데, 이건 오산입니다. 창의력의 기본은 '공부'입니다. 책이나 강연, 그 밖의 많은 경로를 통해 배우고 또 익혀야 합니다. 이렇게 지식이 차곡차곡 쌓이다 보면, 나만의 지식 창고에서 아이디어가 필요할 때마다 적절한 정보와 데이터를 쏙쏙 뽑아 쓸 수 있죠.

마지막으로 소통. 저에게는 친구가 굉장히 많습니다. 대부분의 사람들은 보통 자기 분야의 사람들하고만 친구를 사귀는 경향이 강한데요. 저는 동양 철학, 역사, 음악, 미술 등 다양한 분야의 여러 사람들과 자주 만난답니다. 이들과 대화를 나누다 보면, 익숙하지 않은, 새로운 이야기들을 많이 만나게 됩니다. 성향이나 감성도 저 같은 공학자와는 아주 달라서 신선한 인상을 받을 때가 많죠. 바로 이런 새로운 사람들과의 소통을 통해 저는 로봇 개발 아이디어를 떠올리는 데 도움을 받을 때도 많답니다.

반짝이는 눈:
호기심은 창의력의 시작이다

좀 더 근본적인 이야기를 해볼까요? 서로 관계없는 것들을 연결시키는 능력은 창의력이 결실을 맺는 마지막 단계에 필요한 요소입니다. 그렇다면 창의력이 솟아나도록 이끄는 시작점에 필요한 건 무엇일까요? 저는 그것이 호기심이라고 생각합니다.

호기심은 창의력에 필요한 가장 중요한 요소가 아닐까 싶어요. 이 세상 모든 어린아이들의 눈은 반짝거리죠. 모든 것이 새롭고 신기하기 때문입니다. 그래서 아이들 중에 장난꾸러기가 많은 것 같아요. 새로운 것만 보면 우선 몸으로 부딪쳐서 확인해봐야 직성이 풀리거든요.

저는 어린 시절에도 장난꾸러기였고, 지금도 장난꾸러기이며, 심지어는 태어나기 전부터 장난꾸러기였습니다. 하루는 어머니 뱃속에 있던 제가 너무 발차기를 해서 어머니가 깜짝 놀라셨는데요. 마침 이때 아버지가 신문에 실린 만화 〈개구쟁이 데니스〉를 보고 계셨답니다. 그래서 제 이름을 '데니스'라고 지으셨다고 합니다.

이런 적도 있습니다. 세 살 때 과학책에서 '힘점-작용점-받침점'의 지렛대의 원리를 설명하는 그림을 인상 깊게 본 후 어느 날

탁자 위의 유리를 우연히 발로 밀었는데, 여기서 그 그림속 지렛 대의 모습을 본 겁니다. 신난 저는 의자를 놓고 지렛대 실험을 하 려고 그 유리 위에 올라가려다가 유리가 와장창 깨져 크게 다칠 뻔했지요.

그런가 하면 우리 집의 모든 가전제품을 전부 다 뜯어보기도 했답니다. 정확히 말하면, 모두 뜯어 고장을 냈습니다. 부모님께 감사하는 건, 제가 그럴 때마다 한 번도 혼내신 적이 없다는 거예 요. 그 덕에 저는 모든 가전제품의 작동 원리를 다 알게 됐고, 요 즘은 부모님 댁의 고장 난 가전제품을 모두 제가 고쳐드립니다.

제 아들도 저와 비슷합니다. 아들과 저는 재미있는 일들을 아 주 많이 합니다. 특히 박물관을 좋아해서, 종종 들러 재미있는 것 도 많이 보고 또 경험합니다.

저는 어렸을 때부터 왠지 모르지만 "나중에 커서 내가 아버지 가 되면, 아이들이 '왜?'라고 묻는 말에 꼭 대답해줄 거야"라고 다짐했습니다. 그런데 정말 제 아들이 2~3년 전부터 끊임없이 "왜?"라는 질문을 시작하더군요. 저는 진짜로 아들의 모든 질문에 대답해주려고 노력합니다.

아마 부모님들은 아이들이 "왜?"라고 묻는 질문에 대답하기 힘 드실 겁니다. 아이들은 아주 당연한 것을 묻거든요. 하지만 저는 과학자라서 그런지 그러한 질문들이 무척 재미있습니다. 이런 질문을 통해 당연해 보이는 전제조건을 한 번씩 의심할 기회를 얻기 때문입니다.

저는 아들이 "왜?"라고 물으면 "그건 ~하기 때문이야"라고 답해주고, 또 "그건 왜?"라고 물으면 "그건 ~하기 때문이야"라고 또 대답을 해주곤 합니다. 하지만 이렇게 질문과 대답을 반복하다 보면, 결국 더 이상 대답을 할 수 없는 순간이 옵니다. 이럴 때는 어떻게 하느냐고요? 아주 쉽습니다.

"그건 아빠가 널 사랑하기 때문이란다."

그럼 우리 아들은 "응! 알겠어" 하고 웃으며 고개를 끄덕입니다. 저는 아이들에게 '네가 진정으로 사랑받고 있다'는 점을 분명히 알리는 게 교육의 가장 중요한 점이라고 생각합니다.

자, 다시 본론으로 돌아와서 저와 아들이 문답 놀이를 어떻게 하는지 들려드리겠습니다. 하루는 아들이 제게 이렇게 묻더군요.

"아빠, 저녁시간이 되면 왜 어두워져?"

저는 이렇게 대답합니다.

"해가 지기 때문이야."

아들은 또 천진난만하게 묻습니다.

"그럼 해는 왜 져?"

저는 그 말을 듣고 아들에게 자기가 좋아하는 큰 공을 가져오라고 한 다음, 그 공 위에 스마트폰을 테이프로 붙이고, 책상의 전등 불을 켜고 그 앞에서 공을 돌려가며 공 위의 그 스마트폰으로 동영상을 촬영했습니다. 그다음, 아이에게 마치 해가 뜨고 지는 것처럼 보이는 전등의 움직임이 찍힌 그 영상을 보여주면서, 지구가 둥글다는 점, 지구가 자전하면 해가 뜨고 지는 이유에 대해 설명했습니다. 간단한 실험을 통해 아이가 어려운 개념을 이해할 수 있도록 쉽게 설명해주는 것이지요. 아마 세 살 먹은 아이 중에서 둥근 지구가 자전을 하면 왜 해가 뜨고 지는지를 이해하는 아이는 제 아들뿐일 겁니다.

다른 실험도 많이 합니다. 이건 몇 주 전 이야기인데요. 아이가 초코 우유를 먹으려고 냉장고에서 꺼내고는 제게 물었습니다.

"아빠, 냉장고에 불이 켜져 있어요. 불을 어떻게 꺼야 해?"

아이는 냉장고를 닫으면, 자동으로 그 안의 불이 꺼지는 걸 몰랐던 거죠.

저는 스마트폰을 꺼내 동영상 녹화를 시작합니다.

"아들, 이제 냉장고로 가 보자. 정말 불이 켜져 있는지 확인을 해보는 거야!"

저와 아들은 냉장고 문을 열어봅니다. 정말 냉장고 안에는 불이 켜져 있었습니다. 우리는 녹화가 되고 있는 스마트폰을 냉장고 속에 넣습니다.

"우리가 냉장고 안에 들어가볼 수는 없으니, 그 대신 녹화되고 있는 스마트폰을 넣고 문을 닫은 다음에 어떤 일이 일어나는지 살펴보자."

문을 닫은 냉장고 속 스마트폰 녹화 영상에는 캄캄한 어둠만 담겨 있을 뿐이었습니다. 그제서야 아들은 궁금증이 풀렸고, 다음 문제에 대한 고민을 시작합니다.

"그럼, 냉장고는 어떻게 문이 닫히면 불이 꺼지는 걸까?"

저는 동영상을 보며 냉장고 문을 닫을 때는 자동으로 불이 꺼지는 걸 알게 된 아들에게, 센서를 통해 불이 꺼지고 켜지는 원리를 설명해주었습니다.

어린 시절 우리는 누구나 호기심덩어리였습니다. 어린이들은 누구나 반짝이는 눈을 가지고 있지요. 슬프지만, 어른이 되어가면서 우리는 호기심을 잃어갑니다. 반짝이는 눈이 나이가 들어가며, 어른이 되어가며 사라집니다. 왜일까요? 바로 놀지 않아서 그렇습니다. 호기심은 자꾸 새로운 것을 접할 때 생겨나게 마련인데, 그러려면 자꾸 놀아야 합니다. 어떤 식으로든 여러분의 뇌를 놀게 만들어주세요.

오늘
안 놀면
내일은
월요일이다

반짝이는 눈이 나이가 들어가며,
어른이 되어가며 사라집니다.
왜일까요? 바로 놀지 않아서 그렇습니다.
호기심은 자꾸 새로운 것을 접할 때
생겨나게 마련인데,
그러려면 자꾸 놀아야 합니다.
어떤 식으로든 여러분의 뇌를
놀게 만들어주세요.

생각의 틀을 깨고
같은 것도 다르게 보라

자, 이즈음에서 여러분의 뇌를 깨울 수 있는 퀴즈를 하나 내보겠습니다.

여러분은 친구들과 캠핑을 떠났습니다. 텐트를 치고 부지런히 음식을 세팅한 다음 잠시 놀러 나갔다 와보니, 이게 웬걸 텐트가 온통 난장판이 되어 있는 겁니다. 땅에는 곰 발자국이 있습니다. 쫓아가면 곰을 찾을 수 있겠다 싶어 발자국을 따라갔어요. 남쪽으로 10km를 쫓고, 다시 동쪽으로 10km를 쫓고, 또다시 북쪽으로 10km를 쫓았는데, 글쎄 원래 자리로 돌아와 있는 게 아닙니까? 여기서 질문. 이 곰의 색깔은 무엇일까요?

난센스 퀴즈로 보이나요? 절대 아닙니다. 그렇다면 대체 이 문제의 정체는 무엇일까요? 정답부터 말씀드리자면, 이 곰은 흰색입니다. 남쪽으로, 동쪽으로, 북쪽으로 각각 10km를 이동했을 때 제자리인 곳이 지구 상에서 어디일지 떠올려보세요. 그렇습니다. 바로 북극입니다. 북극곰은 두말할 것 없이 흰색이고요.

이 문제가 흥미로운 이유는 바로 생각의 틀을 깨기 때문입니다. 우리는 이 세상의 3차원적인 위치를 표현할 때 보통 직교좌표계Cartesian coordinate system를 씁니다. 그렇지만 이 문제는 우리가

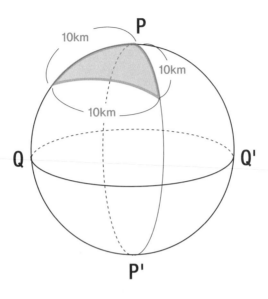

직관적으로 생각하게 되는 직교좌표계로는 풀리지 않는 문제입니다. 그 대신 구좌표계Spherical coordinate system를 머릿속에 떠올린다면, 즉 고정관념에서 벗어나 생각의 틀을 깨면, 이 문제는 무척이나 쉽게 풀릴 수 있습니다.

제 페이스북FaceBook 친구인 분 계신가요? 제 페이스북에 올리는 여러 가지 사진들, 재밌죠? 저는 종종 일상 속의 재미난 것들을 사진으로 찍어 페이스북에 올리고는, 거기에 재미난 이름을 붙이곤 합니다. 다음 사진을 한번 보시겠어요?

처음에 나온 사진에 제가 붙인 이름은 무엇일까요? 한번 맞춰 보세요. 화살표가 양 옆으로 한껏 벌어질 것 같은 느낌이 드시나요? 저는 여기에 '쩍벌남'이라는 제목을 달았습니다.

그다음 사진도 봐주세요. 미끄러질 수 있으니 주의하란 의미를 담은 이 표지판에 제가 작은 장난을 한번 쳐봤습니다. 네, 눈치채셨죠? 저는 이 사진에 '슈퍼맨'이라는 제목을 달았습니다.

처음에 제가 자신을 장난꾸러기라고 했던 것 기억하시죠? 저는 이렇게 나이를 먹고 난 지금도 장난치는 걸 좋아합니다. 물론 지금 치는 장난은 단순히 재미만을 위한 것은 아닙니다. 나이가 들어갈수록 사람들은 너무 많은 것을 배우기 때문에 고정관념의 틀 속에 갇히기 쉽습니다. 저는 같은 사물을 다른 방식으로 보는 이런 식의 훈련을 거듭함으로써, 그 고정관념의 틀에서 빠져나오기 위해 애씁니다. 생각을 틀을 깨려면, 그래서 창의력을 키워가려면, 이런 연습은 누구에게나 필수이지요.

이렇게 생각의 틀을 깨면서 같은 것도 다르게 보면, 아무도 생각해본 적 없는 독특한 로봇들도 만들 수 있습니다. 한번은 기둥을 기어 올라가는 로봇을 만들어야 했습니다. 그래서 떠올린 게 바로 '뱀'이었습니다. 이른바 '뱀 로봇'을 만들기로 한 셈이죠. 하지만 이 뱀 로봇은, 우리가 생각하는 뱀이 움직이는 방식으로 작동하는 것이 아니라, 몸을 뒤틀면서 나선형으로 기둥을 말며 올라가는, 아주 새로운 방식으로 움직입니다. 같은 것도 다르게 보아서 만들어낸 이 로봇은 물밑 기둥, 공사장 기둥도 기어오를 수 있는 새로운 종류의 로봇으로 탄생했답니다. 그런가 하면 다리와 바퀴의 장점을 합쳐 험난한 지역도 쉽게 이동할 수 있는 로봇도 만들었습니다. 자기 높이의 3배나 되는 장애물도 지나갈 수 있는 아주 이동성이 훌륭한 로봇이지요. 바퀴와 다리의 고정 관념을 깨고 생각해낸 로봇입니다.

로봇 손도 만들어보고 싶었습니다. 그냥 로봇 손이 아니라 저가의 로봇 손이어야만 했습니다. 손이 없는 분들이 의수로 쓸 수 있는 로봇을 만들고 싶었거든요. 저는 학생들에게 힘도 세고 정교하게 움직여서 무엇이든 할 수 있는 만능 손을 만들되, 단돈 30

만 원으로 만들어보라고 도전거리를 던졌습니다. 학생들은 그 돈으로는 불가능하다고 했지만, 저는 틀에 박힌 생각을 하지 말고 과감히 틀을 깨보라고 격려했습니다. 그 결과, 학생들은 보통 로봇들이 사용하는 전기 모터가 아닌, 압축 공기를 사용하는 새로운 방식으로 훌륭한 로봇 손을 만들어냈습니다. 무거운 것도 거뜬히 들고, 타이핑도 잘하는 이 로봇 손은 정말 단돈 30만 원에 만들어진 것입니다.

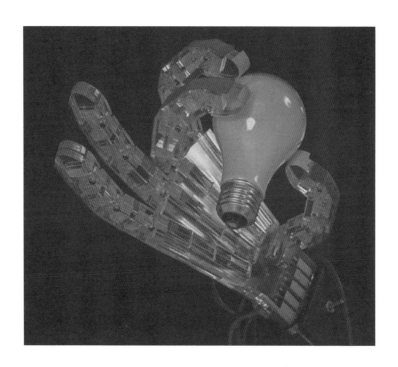

이것이 전부가 아닙니다. 아메바의 움직임을 차용해 만든 로봇, 뒤집어지는 모션을 이용해 만든 로봇, 전기가 아닌 화학 반응을 통해 움직이는, 아무도 생각해보지 못했던 신기하고 창의적인 로봇들도 개발했습니다. 이 모두가 세상을 다르게 보고, 생각의 틀을 깨지 않았다면, 시도해볼 수 없던 것들이었습니다.

생각의 기억과 정리: 메모 습관은 기본 중 기본

호기심을 갖고 생각의 틀을 깬 다음, 서로 다른 것들을 연결해 창의적인 결과물에 도달하는 과정. 지금까지 저는 이것에 대해 이야기했습니다. 그런데 여기서 빠진 연결고리가 있습니다. 바로 '기억'과 '정리'입니다.

아무리 좋은 생각을 갖고 있어도 그것을 금세 잊어버린다면 아무런 소용도 없겠지요. 그리고 생각이 많아서 그중 중요한 요점을 파악하지 못한다면 그것도 문제입니다. 그런 점에서 메모 습관은 기본 중의 기본이라고 생각합니다.

메모하기는 새로운 생각을 탄생시키는 방법은 아니지만, 한번 탄생한 생각이 의미 없이 사라지지 않도록 잘 저장해두는 매우 중요한 방법입니다. 또한 여러 가지 얽히고설킨 생각들을 정리하는 데 도움이 되는 유용한 도구이기도 하지요.

잠들기 직전이나 샤워를 할 때, 혼자 산책을 하는 도중에도 종종 깜짝 놀랄 만한 아이디어가 떠오를 때가 있습니다.

"어떻게 내가 이런 생각을!"

그럴 때마다 우리는 이렇게 스스로에게 감탄하곤 합니다. 문제는 그러고 나서 메모를 해두지 않으면, 이런 아이디어가 잠깐 사이에 잊히고 만다는 겁니다. 그래서 저는 언제 어느 때고 노트와 연필을 가지고 다니며 수시로 메모를 합니다. 자다가도 생각이 떠오르면, 메모를 하기 위해 침대 바로 옆에 노트를 두고 잘 정도입니다. 저는 보통 새벽 4시에 잠을 자는데, 잠자리에 들면 잠이 들락 말락 할 때 머릿속에서 도형이 떠다니며 새로운 기제가 떠오르곤 합니다. 그럼 쏜살같이 일어나 메모를 한 다음 잠이 듭니다. 옆에서 자는 아내를 깨울까 봐 불이 켜지는 펜을 침대 옆에 두고 사용하지요.

그리고 매일 아침에 일어나 제일 먼저 항상 노트를 열어봅니다. 새벽에 쓴 메모를 보면 비어 있는 경우도 많고, 제가 적었지만 비몽사몽 간에 적어서 알아보기 어려운 이상한 것도 있답니다. 하지만 가끔 "아!" 하고 소리를 치며 노트에서 발견하게 되는 아이디어도 있습니다. 이런 아이디어는 곧바로 컴퓨터 데이터베이스에 정리하여 기록합니다.

메모하는 방법은 사람마다 다를 수 있습니다. 저의 경우, 요즘엔 노트를 잘 들고 다니진 않는데요. 그래도 여전히 연필로, 어디서든 주워서 사용할 수 있는 종이조각에 메모하는 걸 선호합니다. 메모를 한 후에는 그것을 사진으로 찍어 정리해둡니다.

아이디어: 세상을 바꾸는 행동의 시작

지금까지 저는 여러분들과 '생각은 어떻게 탄생하는가'라는 주제를 가지고 이야기를 나누었습니다. 이제 생각 탄생의 마지막 동력을 말씀드릴 때가 됐는데요. 저는 그것이 다름 아닌 '아이디어란 세상을 바꾸는 행동의 시작'이란 마음가짐이라고 생각합니다. 바꿔 말하면, 세상을 바꾸려는 의지가 새로운 생각을 일으키는 원천이라는 것입니다.

제가 개발한 여러 로봇 가운데 무인자동차가 있습니다. 2007년 DARPA어반챌린지DARPA Urban Challenge라는, 그때까지만 해도 가

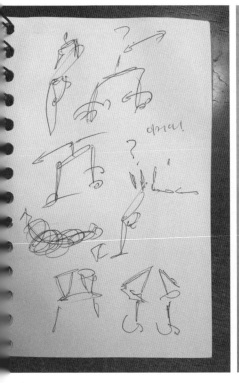

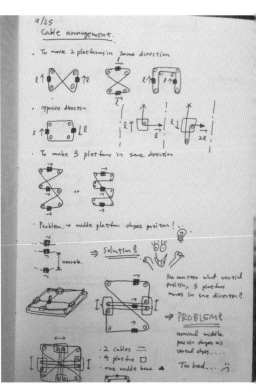

메모하기는 새로운 생각을 탄생시키는
방법은 아니지만, 한번 탄생한 생각이
의미 없이 사라지지 않도록 잘 저장해두는
매우 중요한 방법입니다.
여러 가지 얽히고설킨 생각들을 정리하는 데
도움이 되는 유용한 도구이지요.

장 어렵다고 알려진 그리고 규모가 큰 로봇 대회가 있었습니다. 이때 전 세계 최고의 로봇 연구소들에서 개발한 로봇 자동차들이 6시간 동안 도심에서 모든 교통 법규를 준수하면서 미션을 수행합니다. 다른 자동차들이 이미 주차되어 있는 주차장에 스스로 주차도 해야 합니다. 다시 한 번 말씀드리지만, 이 차 안에는 사람이 타고 있지 않습니다. 로봇에 관심 있는 분들은 이미 아실 수도 있는데, 저희는 이 대회에서 3위를 차지했습니다. 이 대회 당시만 해도 사람들은 이렇게 말하곤 했어요.

"영화에서 보긴 봤는데⋯. 에이, 그래도 상용화되긴 힘들 거야. 먼 미래에나 나오겠지."

하지만 2007년 이 무인자동차들을 실제로 보고 난 다음에는 반응이 완전히 바뀌었습니다.

"앞으로 내가 살 자동차가 무인자동차일 수도 있겠다."

세상이 바뀌기 시작한 겁니다.

이후 미국에 있는 시각장애인협회에서 이런 무인자동차 기술을 보고 시각 장애인을 위한 자동차를 만들 수 있다는 가능성을 보기 시작했습니다. 그래서 세계의 로봇연구소들에 엄청난 상금을 건 '시각장애인을 위한 자동차 대회'를 대규모로 개최한다는 공문을 보냈습니다. 우리는 이미 개발한 로봇 무인자동차가 있었기에, 그냥 시각장애인을 태우고 가면 될 거라 생각하고는 자연스럽게 이 대회에 참가하겠다고 했습니다.

대회를 위한 첫모임 날. 저는 신나는 기분으로 모임에 참석했는데, 그날 굉장히 충격을 받았습니다. 글쎄, 모임에 온 사람이 저 하나뿐이었던 겁니다!

무언가 이상하다는 생각이 들었습니다. 이렇게 중요한 자리에 저 혼자뿐이라니. 알고 보니 제가 잘못 생각한 거였어요. 시각장애인협회에서 원했던 건 시각장애인을 태우고 돌아다니는 무인자동차가 아니라, 시각장애인이 직접 판단하고 운전할 수 있는 자동차였던 겁니다. 한다고 했다가 다시 못 하겠다고 무를 수도 없고, 정말 당황스럽기 짝이 없었습니다.

저는 그 모임 후, 여러 교수들과 전 세계의 관계자들에게 메일을 보내 왜 이 기회에 참여하지 않느냐고 물었습니다. 그들은 불가능한 일이라고, 시간 낭비라고, 돈이 되지 않는 일이니 다른 것을 하라고 제게 조언하더군요. 충격적이게도, "앞이 보이지 않는 불쌍한 사람들은 그냥 집에 있어야 한다"고 말하는 이도 있었습니다. 저는 혼란스러웠지만, 이런 이야기들을 듣다 보니 오기가 발동했습니다.

'그래, 한번 해보자!'

저는 마침내 이 프로젝트에 뛰어들기로 마음먹었습니다. 단돈 5,000달러를 가지고 이베이ebay에서 작은 자동차를 한 대 샀습니다. 다른 부품들과 비싼 컴퓨터들과 전자 장비들은 기부를 받아 개발해냈고요.

개발 후 첫 테스트 날, 시각장애인 협회에서 시각장애인 두 분을 모시고 실험을 했습니다. 그분들이 운전한 차는 움직임이 다소 비뚤비뚤했지만, 어쨌든 조심스레 앞으로 나아갔습니다. 그분들이 운전을 마칠 때까지 모니터만 들여다보던 저는 마침내 자동차가 도착한 후에야 고개를 들 수 있었습니다. 그때 제가 지금까지 살면서 봤던 미소 가운데 가장 아름다운 미소를 보았습니다. 태어나 처음으로, 스스로 운전을 한 그분들의 희열이 저에게까지 전해지는 것 같았죠. 이 한 사람을 이렇게까지 행복하게 해줄 수 있다면, 이 기술을 진짜로 완벽하게 성공시킨다면, 이 세상 모든 시각장애인들에게 행복을 줄 수 있겠구나 하는 꿈이 생겼습니다.

"정말 완벽한 시각장애인 자동차를 만들어야지!"

그분들의 미소가 제게 이런 인생의 목표를 만들어주었습니다. 이 장면은 〈워싱턴포스트 The Washington Post〉 1면에도 크게 소개됐습니다. 그 이후 2011년 1월 29일 유명한 자동차 경주대회의 오프

닝 때에 새롭게 만든 시각장애인을 위한 자동차를 세계 최초로 선보였습니다.

이날 자동차를 운전한 친구는 선천적인 시각 장애인이었는데, 제가 만든 자동차를 직접 운전했습니다. 그는 장애물을 피해간 것도 모자라 앞의 자동차를 추월하기까지 했습니다. 그렇게 1월 29일, 그 친구와 저는 모두 꿈을 이뤘고, 성공했습니다. 이날 저는 참 많이 울었습니다.

저는 학생을 가르치는 교수이자, 로봇을 연구하는 연구자입니다. 이런 제가 하는 일이 세상을 바꿀 수 있으리라고는 생각지 못했습니다. 하지만 그날 저는 깨달았습니다. 내가 하는 일이 정말 세상을 바꿀 수 있을지 모른다고. 이후 저는 인간을 위한 따뜻한 기술을 개발하자고 다짐, 또 다짐했습니다.

하루는 연구를 하고 있는데, 시각장애인 꼬마가 놀러와 제가 만든 자동차를 보고 싶다고 했습니다. 저는 흔쾌히 그러라고 했습니다. 이 아이는 자동차를 어루만지며, 자신의 꿈, 독립, 자유를 꿈꾸지 않았을까요? 저는 자동차를 만지고 있는 이 아이의 사진을 제 연구실 책상 위에 올려놓고는, 늘 제 꿈과 다짐을 잊지 않기 위해 되뇝니다.

이제 강의를 마무리할 때가 왔습니다. 저는 여러분께 창의력이 새로운 것을 만들어내는 능력이 아니라 기존의 것들을 연결시키

이 아이는 자동차를 어루만지며,
자신의 꿈, 독립, 자유를 꿈꾸지 않았을까요?
저는 자동차를 만지고 있는
이 아이의 사진을 제 연구실 책상 위에
올려놓고는, 늘 제 꿈과 다짐을
잊지 않기 위해 되뇝니다.

는 능력이라는 점을 말씀드렸습니다. 그렇게 연결시킬 거리를 많이 갖기 위해서는 공부하고 여행하고 호기심을 가져야 하며, 다르게 보고 생각의 틀을 깨야 하고, 메모 습관을 키워야 한다고도 했습니다. 무엇보다 아이디어야말로 세상을 바꾸는 행동의 시작이란 마음가짐을 갖는 것이 중요하다고 강조하고 싶습니다. 좋은 아이디어로 이 세상을 한 뼘 더 아름답게 바꿔나가는 여러분이 되길 바랍니다.

Q / 강의 잘 들었습니다. 시각 장애인들을 위한 자동차가 무인 자동
차와 달리, 어떤 원리로 작동하는 것인지 궁금합니다.

A / 앞을 보지 못하는 분들이 운전을 하는 것은 불가능한 일이죠. 운
전이란 일상적인 행동 중에서 시각을 가장 많이 활용하는 일이기
때문입니다. 저희는 이 시각을 다른 것으로 대체하려고 했습니다. 결국 이
프로젝트는 자동차나 운전에 관한 것이 아니라, 인터페이스, 즉 사람과 기
계의 소통에 관한 실험이라고 보시면 됩니다. 운전자에게 시각이 아닌 다
른 통로로 얼마나 정확하고 빠르게 정보를 전달하느냐, 그것이 문제였던
겁니다. 우리는 운전자의 장갑을 통해 정보가 전달되고, 압축 공기를 통해
그림이 그려지도록 했습니다. 또한 자동차 자체가 길을 파악하도록 했죠.
의자의 진동을 통해 신호를 주기도 했고요. 더 자세한 정보는 인터넷을 검
색해보시면 찾으실 수 있습니다.

Q / 주로 어떤 곳을 여행하시나요? 그리고 어떤 방식으로 여행하시
는지도 궁금합니다.

A / 여행을 떠나 우리가 경험할 수 있는 가장 의미 있고 즐거운 일 중
하나는 새로운 친구들을 사귀는 것입니다. 다른 여행객들을 만나
는 것도 좋지만 그것보다는 자기 나라와 문화에 자부심을 가진 현지인들

을 만나 나와는 어떻게 세상을 다르게 보고 나와는 어떻게 다른 생각을 하는지, 이야기를 나누는 것이 즐겁습니다. 이런 경험은 저의 가슴과 머리를 넓혀주고, 다르게 보는 방법, 다르게 생각하는 방법을 알려줍니다. 또한 다름을 이해하고 포용하는, 더 나은 나를 만들어주기도 하지요. 그래서 여행은 산교육입니다.

누구와 함께 살 것인가

by 조한혜정

저는 내게 문제가 생기면 누군가와 의논하고, 함께 행복해지기 위해
자원을 공유하는 이런 과정이 조화롭게 일어나는 곳을 '창의적 공유 지대' 라고 말합니다.
이제부터 그런 작은 사회 단위를 만들어가야 합니다.

대형 강의를 별로 안 좋아하는 제가 오늘 이 자리에 선 이유는 순전히 직업병 때문입니다. 인류학자들은 호기심이 아주 많거든요. 다들 생각하기 싫어하는 시대에 '생각 수업'이라는 이름으로 열리는 이런 강의를 대체 누가 들으러 오는지 궁금해 이 자리에 왔습니다. 참 반갑습니다.

요즘 주변을 둘러보면 좋은 강의들이 무척 많습니다. 대부분이 작은 규모의 세미나들이지요. 비슷한 생각을 가진 이들이 모여 깊이 있는 이야기를 나누는 공부 모임이 많아지고 있습니다. 다른 한편에서는 이런 대형 강의들도 열리고 있는데, 이런 강의의 장점은 한꺼번에 많은 이야기를 들으면서 자신이 좋아하는 것이 무엇인지 잘 알아낼 수 있다는 것 그리고 좋은 친구들을 만날 기회가 생긴다는 데 있지 않나 합니다. 아무쪼록 여러분이 이 자리에서 좋은 이야기를 많이 듣고 또한 옆에 앉은 이들에게 말도 걸어 보면서 좋은 인연을 맺어가길 바랍니다.

친밀성이 거래되는 사회

오늘 제가 여러분과 함께 생각해볼 주제는 '누구와 함께 살 것인가'입니다. 이 제목을 듣고 학생 중 하나가 "어떤 배우자를 선택해야 하는지 말해주는 강의인가요?"라고 묻더군요. 그래서 '내가 준비한 강의를 듣고 실망할 사람이 많겠구나' 싶더라고요.

혹시 이 학생과 같은 생각을 하신 분 계신가요? 그분들의 기대를 저버려서 안타깝지만, 오늘 제가 이야기할 '누구와 함께 살 것인가'는 조금 더 큰 이야기입니다. 이 질문에 대해 제가 생각하는 정답부터 말씀드리면, '지구 위에서, 지구를 떠나지 않고, 친구들과 작당하여 우정과 환대歡待의 마을을 만들면서 사는 것'입니다.

그래도 우선 말이 나왔으니, 많은 분들의 주요 관심사인 이성 교제에 대해 이야기를 좀 해볼까요? 지금과 같이 효율성과 생산성만 강조하는 신자유주의 사회는 사람을 두 부류로 나눕니다.

성과와 실적을 강조하는 '성과주의 기계' 안에서 쉴 틈 없이 달리다가 말 그대로 '떡 실신'하는 사람들이 한편에 있지요. 돈은 많아도 연애할 시간이 없는 사람들입니다. 다른 한편에는 자의적이건 타의적이건 그 기계 밖에서 사는 이들이 있습니다. 이들은 연애할 시간은 있는데, 돈이 없습니다. 상대를 만나 데이트를 해야 하는데, 그럴 돈이 없는 것이지요.

예전에는 버스에서 무거운 가방을 들어주다가 혹은 덕수궁 길을 산책하다가 우연찮게 이성을 만나는 경우가 많았습니다. 지금은 누가 가방을 들어준다는 것이 상상하기 힘든 일이 됐지요. 선한 의도를 가진 사람들 대부분이 '나쁜 의도로 접근한 사람'으로 오해받는 세상이 되어버렸으니까요. 벤치에 누워 볕을 즐기는 사람은 노숙자로 오인받기도 하고요. 신뢰와 나눔의 시공간이 사라진 것입니다.

얼마 전까지만 해도 우리들은 딱히 돈 들이지 않아도 되는 공공 공간에서, 좀 널널하게 산책도 하고 놀면서 사랑도 연애도 하곤 했습니다. 그러나 요즘은 연애할 장소마저 돈으로 사야 합니다. 친밀성도 돈이 있어야 일어나는 거래의 대상이 된 것입니다. 결혼을 할지 말지 고민할 때도 시장에서 물건을 고르듯 이리저리 상대를 가늠하며 계산을 합니다. 계산은 점점 더 복잡해지는데 시간은 없다 보니, 그 계산을 대신해주는 결혼 중개 회사들이 큰 돈을 벌고 있고요.

친밀성의 위기에 대해 좀 더 살펴보지요. 부부 중심 핵가족 제도가 안착하고 자녀 수가 줄어들면서 어린 자녀 한두 명이 가족의 핵심적 존재가 되었습니다. 곧 세상 살기가 어려워지는 것을 감지한 부모들 특히 주로 자녀를 양육하는 어머니들은 치밀하게 아이의 삶을 기획하기 시작합니다. 유치원, 학원 스케줄부터 결혼까지 말이죠. 의도하지 않았겠지만, 이 과정에서 부모는 시장의 유혹을 물리치지 못하고, 자녀는 자신의 삶을 스스로 살아낼 존재로 성장하기보다 부모가 자신의 재산 대부분을 투자하는 대상이 되고 맙니다. 명문대 입학부터 대기업 취직 그리고 '버젓한' 예식장에서 '버젓하게' 결혼하기까지 자녀는 상당 부분 부모의 지원을 필요로 하게 된 것입니다. 부모가 결혼할 때 집을 마련해주지 않으면, 집을 얻기가 불가능한 세상이 되어버렸으니까요. 점점 경제적 자립이 불가능해지면서 자녀들은 30대가 넘어도 돈을 가진 부모의 말에 순종하거나 순종하는 척할 수밖에 없는 경우가 늘어나고 있습니다.

사실상 이런 관계는 친밀한 관계라기보다 상당히 계산된 관계라고 할 수 있습니다. 가족마저 일종의 거래를 하는 관계로 변질된 것이죠. 부부의 일상도 마찬가지입니다. 정규직이 된 남편은 밤늦게까지 일하고, 집에 들어올 때면 피곤함을 온몸으로 표현합니다. 일하기 싫어서요. 아내도 별반 다르지 않아서 취업한 주부이건 비취업 주부이건 피곤한 것은 마찬가지이니, 남편에게 뒤질세라 힘껏 피곤함을 드러냅니다. 이런 부모의 모습을 보며 자란 아이들도 학교와 학원을 다니며 자신들이 얼마나 피곤한지 수시로 표현하곤 합니다. '즐거운 나의 집'이 함께 식사하면서 대화를 나누고 서로를 돌보며 사랑을 주고받는 따뜻한 보금자리가 아니라, 피곤한 이들이 녹초가 되어 만나는 일종의 숙박업소가 되어가고 있는 것이지요.

이야기만 들어도 피곤하시죠? 연애, 결혼, 출산을 포기한 세대를 '3포 세대'라고 부르는데요. 이 신조어가 무색하지 않게, 정말로 가정을 꾸려가는 모습이 이런 것이라면 차라리 결혼을 하지 않겠다는 젊은이들이 늘어나고 있습니다. 아예 결혼은 고사하고 연애부터가 몹시 피곤한 일이라고 여기는 이들도 많고요. 각자 주관이 뚜렷하고 계산이 있다 보니, 남과 만난다는 것 자체가 거의 불가능한 일이 되고 있는 겁니다. '노동보다 연애가 더 피곤하다'는 거죠. "연애를 하느니 차라리 반려동물을 키우겠어요"라고 말하는 이들마저 생겨나고 있고요. 영화 〈그녀〉 보셨나요? 이대로 간다면, 〈그녀〉의 주인공처럼 차라리 인공지능과 연애하는 게 더 낫겠다는 사람들이 급격히 늘어날 겁니다. 모두가 동굴 속의 왕자와 공주로 각자 도생하면서 살게 되는 것이지요.

'즐거운 나의 집'이 함께 식사하면서
대화를 나누고 서로를 돌보며
사랑을 주고받는 따뜻한 보금자리가
아니라, 피곤한 이들이 녹초가 되어
만나는 일종의 숙박업소가
되어가고 있습니다.

이렇게 가뜩이나 괴로운 우리들을 명절에 가만 두지 않는 어른들이 꼭 계시죠? 영화 〈국제시장〉과 〈변호인〉은 보셨나요? 이 두 영화는 각각 사회를 보는 시각은 다르지만, '산업화 세대' 내지 소위 '자수성가한 어른들'을 주인공으로 내세우고 있다는 점에선 공통점이 있습니다. 명절에 이 분들을 만나면 언제나 같은 질문을 듣게 됩니다. "만나는 사람은 있냐?" "결혼은 언제 할래?" "애부터 가져야지" "남들 다 결혼할 때 너 혼자 뭐했냐" "아이를 낳아봐야 어른이 되는 거다" 등등 일장 연설을 하면서 압력을 줍니다. 안 그래도 피곤한데 말이죠.

우리는 종말을 콘텐츠로서만 소비한다

듣기만 해도 갑갑한 이런 상황들 때문일까요. 차라리 세상이 망해버렸으면 좋겠다고 생각하는 젊은 친구들이 요새 부쩍 늘어나고 있다고 합니다. 1995년 일본에서 일어난 고베 지진 기억하시죠? 당시 일본은 경제 버블이 꺼지고 장기 침체가 시작되면서 청년들이 제대로 된 직장을 얻는 것은 물론 자기 삶을 스스로 기획하기도 힘들어진 상황이었습니다. 이렇다 보니 일본 청년들은 점점 자기 안으로 들어가게 되었고, 오히려 지진이 났을 때 그 상황을 반겼다고 합니다.

이때 은둔형 외톨이, 일명 히키코모리들까지도 집 밖으로 뛰쳐나와 구호 사업에 뛰어들었다고 합니다. 후쿠시마 사태 때도 비슷한 현상이 있었고요. 확실히 시대적 전환이 필요하다는 것을 몸으로 알게 된, 즉 '리셋'이 필요한 시대라는 것을 알게 된 청년들이 생겨나고 있는 것이지요.

구조적으로 말하면 청년들이 들어갈 직장 자체가 턱없이 부족해진 상황이고, 문화적으로 보면 직장이나 구하고 주어진 일이나 하면서 사는 삶을 거부하는 청년들이 늘어나는 상황이라고 할 수 있습니다. 사회와 담 쌓고 혼자 도피적 삶을 살거나 이슬람 무장단체 IS에 가입하려는 청년들은 이런 맥락에서 보면 다 리셋 세대적인 특징을 보이는 것입니다.

이런 현상은 일본에서만 일어나고 있는 것이 아닙니다. 최근 영화로도 제작됐던 소설 《다이버전트 Divergent》 등 영어덜트 young adult 작품들이 전 세계적으로 큰 인기를 끌고 있는데요. 이 작품들을 보면 모두 세상이 망하고 새로운 세상이 오는 종말적 사건을 다루고 있습니다. 저는 이런 현상이 우리에게 시사하는 바가 크다고 봅니다.

염려스러운 것은 세상을 바꾸고 싶어 하는 청년들이 사실상 그렇게 할 자원을 별로 갖고 있지 않기 때문에 결국에는 이런 소설이나 영화를 보면서 대리 만족이나 하고 있다는 점입니다. 영어덜트 소설의 주요 타깃은 초등학교 5학년생부터 중학생까지라고 하는데요. 이 친구들은 세상을 전복시키는 이야기보다는 세상을 구하는 영웅 이야기에만 관심을 갖는 거죠. 결국 근본적으로 인류의 미래를 걱정스러운 눈으로 바라보는 영화나 소설이 나오지만, '이것이 진짜 걱정일까' 하는 생각을 많이 하게 됩니다. 달리 말해 우리 사회가 청년들이 세상을 바꾸어갈 수 있는 학습을 받고 그런 자원을 가질 수 있는 사회인지 생각해볼 때, 매우 비관적인 결론을 내릴 수밖에 없다는 것입니다.

지구 종말의 징조들, 그런데

문제가 잘 보이질 않죠? 그저 답답하고요. 그렇다면 이제 우리가 근본적으로 인류의 역사를 돌아보아야 하는 시점에 와 있다고 생각합니다.

인류 역사를 3분 30초로 요약한 스티브 컷츠Steve Cuts의 'Man'* 이란 애니메이션 영상이 있습니다. 이 영상을 보면 인간이 선사

시대부터 어떻게 다른 생명체를 이용하고 자연을 파괴해가며 이른바 '역사의 진보'를 이루어나갔는지를 한눈에 파악할 수 있습니다. 결국 인간은 더 안락하고 편안한 삶을 향해 나아가고 있지만, 지구 입장에서 보면 인간이라는 하나의 종으로 인해 지구는 점점 더 파멸의 길을 향해 나아가고 있는 셈입니다. 특히 근대화 이후에는 인간이 다른 모든 지구 상의 자원과 생명체를 도구화하면서 파괴하는 경향이 가속화되고 있습니다.

앞의 디스토피아적인 공상과학소설 이야기로 돌아가 보지요. 최근 한국에서 천만 관객을 동원했다는 영화 〈인터스텔라〉 보셨지요? 그 영화를 보고 앞으로는 인류가 지구 밖에서 살아가게 될 거라고 생각한 분 계신가요? 그럴 때 자신은 지구에 남을 것이라 생각한 분은요? 혹은 그런 생각 없이 어쨌든 인류는 멸망하지 않고 계속 우주 어딘가에서 지금처럼 삶을 이어갈 것이라 다행이라고 생각하셨나요?

비슷한 주제를 다룬 영화로 〈엘리시움-*Elysium*〉도 있죠. 이 영화를 보면 1퍼센트의 선택받은 인류만이 '엘리시움'이라고 하는 천국 같은 위성에 나가 살고, 나머지 99퍼센트의 가난한 인류는 쓰레기더미가 된 지구에서 비참한 생을 이어갑니다. 저는 이런 영화

---

*https://www.youtube.com/watch?v=WfGMYdalCIU에서 볼 수 있습니다.

들의 내용이 그저 공상과학에서 비롯된 것만은 아닐 거라 생각합니다.

실제로 지구로부터의 탈출을 염원하는 사람들이 있습니다. 과학자들과 권력자 중 일부가 그렇습니다. 1930년대 러시아의 위대한 과학자의 묘비문에는 다음과 같은 말이 써 있었다고 합니다.

"인류는 지구에 영원히 속박된 채 머물지는 않을 것이다."

그는 이것을 역사의 진보이자 인류의 숭고한 이상이라고 생각했겠지요. 끊임없이 새 세상을 개척하고 지배하고 통제하고자 하는 욕망은 사실 15~16세기 근대가 시작할 즈음, 이른바 금은보석과 자원을 찾으러 항해에 나선 모험가와 정치가와 군인들로부터 비롯되었을 것입니다. 근대가 붕괴하는 시점을 살아가는 우리는 이제 이 근대가 다음 시대로 잘 넘어갈 수 있도록 근대의 모습을 제대로 그려봐야 합니다.

우주로 나아가길 꿈꾸는 과학자들은 1957년부터 본격적으로 우주선을 만들기 시작합니다. 이때 인공위성 스푸트니크호 발사가 성공하게 되고, 이에 대해 미국의 어느 신문 기자는 인류가 "지구라는 감옥으로부터 탈출할 수 있는 첫발을 내디뎠다는 안도감"을 느꼈다고 진술합니다. 지구를 감옥으로 규정하고 거기에서

지구를 감옥으로 규정하고 거기에서
탈출하는 것이 맞는 방향일까요?
감옥 혹은 거대한 오염 덩어리가 되어가는
지구를 어떻게든 사람이 살아가는 곳으로
회복하는 것이 맞는 방향일까요?

탈출하는 것이 맞는 방향일까요, 아니면 감옥 혹은 거대한 오염 덩어리가 되어가는 지구를 어떻게든 사람이 살아가는 곳으로 회복하는 것이 맞는 방향일까요?

저는 2008년 전 세계가 월가 파동을 겪으면서 우리들이 정말 정신을 차릴 것이고, 카지노 자본주의를 넘어서기 위해 온 나라와 정치가들 그리고 우리들이 무언가를 하게 될 것이라고 기대했습니다. 후쿠시마 원전 사태 이후에는 '정말 이제는 질문을 던지겠지'라고 생각했고요. 모두들 그렇게 하고 있나요? 그런 분들도 일부 있겠지만, 원전이라는 거대 산업의 마피아들은 여전히 존재하고, 그들은 변하지 않고 있어요.

너무 먼 사례로 느껴진다면 중국에서 날아오는 미세먼지를 생각해봐도 좋습니다. 황사에 초미세먼지까지 난리를 치니 다른 나라로 이주해야겠다고 말하는 분들을 많이 봅니다. 미국의 전 부통령 앨 고어가 쓴 책《불편한 진실An Inconvenient Truth》은 다들 보셨죠? 그 외 레오나르도 디카프리오가 기획, 제작한 환경 영화 〈11번째 시간The 11hour〉도 기회가 있으면 보시길 바랍니다. 이 영화는 지구에게 총 12시간이 있다고 했을 때, 현재 우리가 11번째 시간에 와 있다고 이야기합니다. 점점 더 심각해지고 있는 지구 온난화로 인해 인류에게 남은 시간이 얼마 없다는 사실을 경고하고 있는 것이죠. 이렇게 영화배우들까지 나서서 지구 걱정을 하며 목소리를 내고 있는데, 막상 변화를 위한 움직임은 잘 보이질 않고 있어요. 왜일까요?

누가 우리의 운명을
결정하는가

그 이유는 여러 가지일 것입니다. 저는 기본적으로 우리들의 삶이 너무 불안해서 그렇다고 생각합니다. 사실 불안할 수밖에 없는 세상을 우리는 지금 통과하고 있습니다. 구조적으로 직장을 만들어내지 않는 고실업 시대이다 보니 많은 실업자가 양산됩니다. 실제로 대부분의 국가는 시장이 잘 되기를 바라고 있지 정말 국민을 생각하지는 않습니다. 그렇지만 사유하는 존재로서의 우리는 '누가 나와 우리의 운명을 결정하는가'라는 질문을 포기해서는 안 된다고 생각합니다.

우리의 운명을 결정하는 문제에 있어 과학자들은 굉장히 중요한 역할을 담당합니다. 제 남편도 그런 일을 하는 사람인데, 제가 "손자를 위해서라도 탈핵 운동을 하라"고 이야기하면 종종 부부 싸움을 하게 됩니다. 후쿠시마 원전 사태를 모두가 지켜본 까닭에 이 문제가 정말 심각하다는 데는 동의하지만, 과학자이자 공학자인 남편은 탈핵 운동에 적극적으로 참여를 하진 않아요. 왜 적극적으로 참여하지 않느냐고 물었더니 "도메인domain 지식이 없기 때문"이라고 해요. 자신이 그 분야를 확실히 통달한 게 아니기 때문에 관여하지 않는다는 것이지요.

탈핵이라는 사안은 전문가 이전에 시민 모두 그리고 앞으로 태어날 시민을 생각하는 어른들 모두가 관심을 가져야 할 문제입니다. 그렇기 때문에 전문가들이 전부 모여서 제대로 논의하는 테이블을 만들자는 제안을 하는 것인데요. 바로 그런 제안이 안 먹히는 시대가 된 겁니다. 전문가들이 풀어야 한다는 전문가주의, 과학 기술이 해결할 것이라는 과학 기술주의 등 '신념'이 팽배해진 것도 문제이지만, 더 문제인 것은 우리가 '함께 모여 의논하는 사회적 존재'라는 감각이 사라진 것이라고 생각합니다.

과학자들은 숫자처럼 딱 떨어지는 정확한 사실이 입증되지 않으면, 쉽사리 결론을 내거나 그에 대해 말하지 않아요. 정확하지 않다 싶으면, 의심하고 질문을 던지지요. 본인의 신념을 위해 법정까지 갔던 갈릴레오 갈릴레이Galileo Galilei 아시죠? 그는 사회의 질서를 뒤흔드는 질문을 던지는 사람이었습니다. 그런데 요즘의 과학자들은 체제에 매우 순응적입니다. 과학자들만이 아니라 일반 시민들도 과학자들처럼 명확하지 않으면 믿지 않으려고 합니다. 자신이 합리적이어야 한다고 생각하는 것이지요. 그래서 각자 머릿속에서 계산만 합니다. 앞서 친밀성이 거래된다는 이야기를 꺼냈는데, 친밀성까지도 계산하는 존재가 되어가고 있는 것입니다.

그런데 아시다시피 인간의 삶은 명확한 사실에 의해서만 이루어지지 않습니다. 곤혹스럽고 당황스러운 일들이 아주 많은 것이 세상살이입니다. 그래서 모여서 어려움을 토로하고 질문을 제기하고 중구난방 의논을 하면서 세상의 문제를 풀어가야 하는 겁니다. 사람들은 의논하는 사회적 존재이고, 질서를 유지하기 위한 방안을 모색하는 정치적 존재이며, 변화하는 시대를 사는 역사적인 존재인 것입니다.

이 시대의 위기는 과학자들이 자신을 사회적 존재라기보다 도구적인 존재로 인식하고 있는 데서 비롯됐습니다. 정치가들과 공무원들도 단순히 역할을 잘 수행하는 도구적 존재로 전락하고 있습니다. 이는 우리 시대가 효율과 생산성에 집착하는 신자유주의적 자본주의 체제로 전환되면서 일어난 변화입니다. 이 시대가 장기화되면서 속도에 쫓기고 피로해진 시민들 모두가 도구적 존재화되고 있는 것이지요. 결국 각자 도생하느라 급급한 와중에 '의논하는 능력' 자체가 퇴화되어버리고 있는 겁니다.

독일에서는 후쿠시마 원전 사태 이후 전 국민이 핵 발전을 계속할 것인지 중단할 것인지를 두고 대대적인 대국민 토론회를 열었습니다. 그리고 이 문제를 집중적으로 토론하는 '윤리 위원회'를 열었습니다. 왜 과학 위원회가 아니라 윤리 위원회일까요? 이 문제가 다음 세대의 자원을 활용하는 세대 간 공평함의 문제라고 생각하기 때문이었습니다. 이 토론회에서 많은 의견을 나눈 끝에 독일은 2022년까지 더 이상 핵발전소를 짓지 않고 현재의 것을 모두 폐쇄하기로 합의를 봅니다.

우리도 독일의 사례처럼 지구를 포기하기보다 합의를 이룰 수 있는 사회를 만들어가야 하지 않을까요? 지구 밖으로 가지 않고도 문제를 해결할 수 있는 사회를 만들어가야 하는 겁니다.

이중의 소외 그리고 압축적 근대화를 거친 한국

우리는 이제 질문을 던지기 시작해야 합니다. '과학 기술을 어떤 목적을 위해 사용할 것인지를 누가 결정할 것인가'라는 질문부터 던져야 합니다. '인간 생명을 인공적으로 만듦으로써 자연과의 마지막 끈을 끊는 것, 이에 대해서는 누가 결정하는가'라는 질문도 던져야 합니다.

자연과의 마지막 끈을 끊을 존재는 우리 자신일지도 모릅니다.

인류는 줄기세포 배양을 비롯해 수많은 혁신적인 과학 기술이 등장할 때마다 열광하는데, 과연 이것이 열광할 일일까요? 그렇다면 인간의 조건을 결정하는 건 누구일까요?

인간의 조건을 결정하는 문제에 대해 제가 좋아하는 독일의 철학자 한나 아렌트Hannah Arendt는 '이중의 소외'라는 표현을 씁니다. 아렌트는 하늘에 계신 아버지 신을 거부하는 데서 근대가 시작되었다고 말합니다. 즉, 중세에 신을 업은 권력이 일반 민중을 괴롭혔으니, 이제 일반 민중 곧 국민이 유토피아를 만든다는 것이 근대의 이념이지요. 신을 빙자한 중세 말의 절대 권력이 붕괴되고, 새로운 근대 문명이 일어나기 시작한 것입니다. 더 이상 인간 위에 존재하는 신은 없다고 생각한 국민/시민들은 열심히 노력하면 세속적인 왕국에서 자유롭고 평화롭게 살 수 있을 거라고 믿었습니다.

아렌트는 "하늘에 계신 아버지 신에 대한 거부로 시작한 근대는 하늘 아래 모든 피조물의 어머니 신, 즉 지구를 거부함으로써 그 막을 내리게 되는 것일까"라고 반문합니다. 그녀는 1957~8년 당시 한창 진행되던 거대한 우주 탐사 프로젝트에서 지구 밖으로의 도피 의지와 자아 속으로의 도피 의지를 의미하는 이른바 '이중의 소외' 현상을 발견합니다.

매우 압축적인 고도 근대화를 이루어낸 우리나라 국민들은 누

인류는 줄기세포 배양을 비롯해
수많은 혁신적인 과학 기술이
등장할 때마다 열광하는데,
과연 이것이 열광할 일일까요?
그렇다면 인간의 조건을 결정하는 건
누구일까요?

구보다 과학에 대한 신뢰가 강한 한편 최근 들어 두 번째 소외, 곧 자아 속으로의 도피 의지를 키우고 있는 것으로 보입니다. 잠시 한국 사회가 달려온 역사를 간략하게 되짚어볼까요? 1960년 쿠데타에 의한 군사독재 정권이 들어서며 우리나라는 군사 작전식 경제 성장의 기틀을 만들고, 정치적 독재를 지속했습니다. 일정한 경제 성장의 기틀 아래 1987년 민주 항쟁을 통해 정치적 민주화를 이루어낼 수 있었고요. 이후 90년대에 들어서며 소비 사회와 문화적 민주주의 시대가 열립니다. 여러분이 잘 아시는 서태지와 아이들이 이 시대의 표상이라 할 수 있습니다.

이들은 '교실이데아' '환상 속의 그대'를 부르며 싫으면 할 필요 없다, 안 해도 된다고 노래했어요. '나' '개인'이 중시되는 사회를 열망하게 된 것이고, 점차 개인화하게 된 것이지요. 이전에는 '국가주의'가 우리나라를 지배했죠. 영화 〈국제시장〉〈변호인〉이 바로 그런 시대를 배경으로 한 것이고요. 마침내 청년들이 만들어가는 시민의 시대, 서태지의 시대, 대량 생산·집단주의를 넘어선 다품종 소량 생산, 문화와 개인의 시대가 온 겁니다.

1990년대 사진을 보면 정말 옷차림도 그렇고 머리 색깔도 그렇고 무척이나 화려하고 컬러풀하죠. 사람들은 자기가 하고 싶은 것을 할 수 있었고, 스스로의 욕망을 드러내면서 그것에 바탕을 둔 아래로부터의 민주주의 사회를 만들어가고자 했어요. 교육계에서도 "하나만 잘하면 대학 간다"면서 다품종 소량 생산 체계의 다양성과 개성을 강조했습니다.

더 이상 국가주의적·집단적 국민이 아니라 시민 개개인이 의논하면서 아래로부터의 국가를 만들어가게 되겠구나 생각했죠. 북유럽처럼 국민/시민들에게 힘이 실린 민주주의 국가로의 전환이 조만간 이루어질 것 같은 때가 온 겁니다. 한국은 식민지 역사를 가진 나라 중 유일하게 선진국들의 조직인 OECD에 가입도 했습니다. 하지만 역사는 예상대로 흘러가지 않았습니다.

위험 사회로의 진입

혹시 한때 큰 이슈가 됐던 2003년 대학교 신입생 광고를 기억하시나요? 그 광고에는 다음과 같은 카피가 등장했습니다.

"명문을 버렸다!" "조국을 등져라!" "세계를 탐하라!"

당시 고려대 신입생 광고 카피입니다. 대학의 글로벌화와 함께 기업화를 예고한 광고이지요. 이른바 명문 대학들은 글로벌 대열에 끼어야 한다면서 대학 순위에 민감하게 반응했고, 대학을 실제 성과를 내기보다 부작용을 낳는 성과주의 체제로 전환합니다. 인구 변화로 인해 줄어드는 것이 당연한 학생들을 더 많이 유치해야 한다면서 적극적으로 스스로를 홍보하고, 대학 구성원들에게는 눈에 보이는 성과를 낼 것을 강요하게 됩니다. 그 결과, 돈을 벌기 위해 기숙사를 짓고, 휴학을 해도 돈을 내야 하는 사태가 벌어지게 된 것입니다.

2008년 즈음부터 대학에서는 '글로벌 명품 인재'라는 단어를 쓰기 시작했습니다. 여러분은 글로벌 명품 인재가 어떤 사람이라고 생각하세요? 일본의 대표적 사상가 우치다 타츠루內田 樹는 다음과 같이 말합니다.

"다음 4분기의 수익을 올리는 데 필요한, 비판적이지 않고 어떤 공동체에도 속해 있지 않고 누구에게도 의존하지 않아 회사의 전근 명령에 곧바로 해외 지점에 부임할 수 있는 청년."

− 우치다 타츠루의 《하류지향下流志向》(민들레, 2013) 중에서

만화와 드라마로 선풍적인 인기를 끌었던 〈미생〉을 보신 분들이라면 이 명품 인재 운운하는 세상이 실제로는 어떤 삶을 청년들에게 선물하고 있는지 잘 아실 겁니다. 입시 전쟁은 한층 심해

졌고 취업이 되지 않으면 어쩌나 전전긍긍하는 대학생들이 늘어나면서, 대학생들은 너도나도 '스펙 전쟁'에 뛰어들고 있습니다. 그렇게 고실업 시대에 살아남기 위해 사투를 벌이느라 점점 고립된 존재가 되어가고 있습니다. 캠퍼스는 '진리를 탐구하는 전당'이라는 말이 무색할 만큼 비싼 쇼핑몰 분위기를 내는 곳으로 변모한 지 오래입니다.

대학은 기업 못지않은 기업이 되어가고 있습니다. 기업의 평균 수명이 얼마나 되는지 혹시 아세요? 일본 6년, 미국 5년이라고 합니다. 회사가 망하면 수습할 수 있지만, 사람은 어떤가요? 교육은요? 사람은 100년을 살고 교육도 100년 대계라고들 말하는데, 대학이 기업처럼 5년 수명의 사이클로 움직인다고 생각해보세요. 국가는요? 신자유주의적 전환의 압력 속에서 실은 모든 조직이 이렇게 움직이기 시작했습니다. 정치가들도 임기 내에 사고 없이 돈 벌고 도망가면 된다는 생각만 하는 게 아닐까요?

말씀드린 것처럼 저는 인류학자라 관찰하길 좋아하는데요. 그런 제 눈에 포착된 것이 있습니다. 2006년경부터 학생들이 많이 달라졌어요. 대학에 입학하기만 하면 술 마시고 놀러 다니고 미팅하고 그랬던 학생들은 사라지고, 부모님께 감사해하고 미안해하면서 놀지 않고 취업 공부만 하는 학생들이 생겨난 겁니다. 2006년 즈음 대학생활을 4장의 이미지로 표현해보라는 과제를 내준

"우리 삶은
　　　계속 이럴 것이다．"

적이 있는데요. 학생들이 어떤 사진을 가져왔는지 아세요? 사이클을 타고 아슬아슬한 절벽을 달리는 사람들 사진을 가져온 겁니다. 그리고 말하더군요.

"우리 삶은 계속 이럴 것이다."
"대학에 와서도 그리고 그 이후에도 이렇게 살 준비가 되어 있다."
"좋은 대학을 가기 위해 많은 시간을 투자했고, 그게 아까워서라도 계속 이렇게 살 것이다."

언젠가 인터넷을 떠돌던 '중학생의 하루' '고등학생의 하루'란 동영상을 혹시 보셨는지 모르겠습니다. 아침에 일어나자마자 씻고, 학교 가고, 숙제하고, 학원 가고, 돌아와 다시 공부하고, 자고. 이런 패턴으로 학생들이 짧게는 3년을, 길게는 10년을 살아가는 것이지요.

최근 제가 담당하는 수업 게시판에 올라온 어느 입시학원 포스터에는 쇠사슬과 자물쇠가 등장합니다. 쇠사슬로 문을 잠가놓고 집중하지 못하는 학생들을 14시간 동안 감시한다는 내용의 학원 광고인데요. 저는 이것이 현 상황을 비판하기 위해 나온 포스터인 줄 알았는데, 그게 아니라 실제 그렇게 학생들을 감시해서 성적을 올린다는 내용의 광고였던 겁니다. 그만큼 학생을 강압적으로 통제해줄 학원을 찾는 이들이 생겨나고 있다는 말일 테지요.

이 모든 상황은 개개인이 주어진 환경에 최대한 적응하는 양상을 보여주는데, 문제는 지금이 사회가 전체적으로 변해야 하는 시점이라는 것입니다. 우리는 모두 개인적으로 적합하게 살아보려고들 합니다. 하지만 개인이 적합하게 살기 위해 하는 행동은 부분적으로는 맞아도, 전체적으로 볼 때는 전혀 적합하지 않습니다. 급변하는 불확실성의 시대를 살아가는데 사회가 변하지 않는다는 전제로 적합성을 추구한다면, 그 결과는 실패일 수밖에 없는 것이지요.

사회 구성원 다수가 그런 식으로 산다면, 그 사회는 갈수록 더 불확실하고 불안정한 사회가 될 것이고, 그 안에서 개개인은 불행해질 수밖에 없습니다. 각자가 자기가 아는 한도 내에서 스스로를 최적화시키고자 하는데, 실은 내심 그것이 최적화가 아닐 수 있다는 불안감 속에서 질식할 것 같은 괴로움을 느끼게 되는 것이죠. 우리는 지금 근대의 성장기이자 산업화 시대를 살고 있는 것이 아니라, 탈산업화 시대이자 근대가 절정을 찍고 몰락하는 탈근대 위험 사회, 피로 사회를 살아가고 있습니다. 이런 시대인식을 분명히 해야 합니다.

경제가 좋아지고 국가가 나름대로 제 기능을 하던 시대, 예를 들어 1, 2차 세계대전 이후의 케인스 시대에는 사람들이 위험 요소가 있거나 재난이 발생해도 세상이 좋아질 거라는 신념을 갖고 있었어요. '부가 제대로 분배될 거야' '개천에서 용이 날 거야'라는 생각으로 현재의 힘든 상황을 함께 견디고 일정하게 사회적 합의를 해나가려고 노력했습니다. 국가에 의한 부의 생산과 분배가 그런 대로 이루어졌다고 할 수 있는 겁니다.

시장이 국가의 기능을 거의 마비시켜버린 지금은 기댈 데가 사라진 상황에서 국민/시민들이 풀어내는 적대와 불안이 일상을 지배하고 있습니다. "타인을 믿을 수 있는가?"라는 질문에 북유럽에서는 60퍼센트가 "그렇다"고 답한 반면, 브라질에서는 3퍼센트만이 "그렇다"고 답했다고 합니다. 어디서 이런 차이가 날까요? 바로 '아래로부터의 민주주의'와 이를 가능하게 하는 기본적 복지제도가 관건일 것입니다. 값싼 노동력을 찾아 이동하는 자본의 원리에 따라 고실업 사태가 일어나게 마련인 '선진국'에서 해야 할 일은 그간의 무리한 근대화가 만들어낸 부작용을 해결해야 하는 것이지요.

이미 세계 체제로 돌아가는 글로벌 자본주의 사회에서 아직은 돈이 많은(부채의 형태라 하더라도) 선진국가나 국민들이 힘을 쏟아야 할 일은, 더 이상 부의 축적이 아닙니다. 갖가지 사고와 재난의 위험, 그로 인한 무수한 갈등과 불안을 줄이는 일이 무엇보다 우선입니다. 후쿠시마 사태나 세월호 사태와 같은 일들이 계속 일어날 텐데, 그런 상황에서 서로 적대시하지 않고 문제 해결을 해나갈 수 있는 내부의 합의 구조를 만들어가는 것이 중요하다는 것입니다.

1인당 국민소득 3만 달러를 바라보는 한국은 지금 이 지점에서 매우 혼란을 겪고 있습니다. 최근 사회가 전반적으로 보수화 흐름에 접어들면서 군부 독재 시대에 대한 향수를 가진 산업화 세대가 부상하며, 계속 경제 지표를 강조하거나 정권 유지를 위해 국민들 간의 불안과 적대를 부추기는 현상이 지속적으로 일어나고 있는데요. 정말 우려할 만한 일입니다. 이런 현실 속에서 불안해진 청년들이 돈을 가진 기득권자인 아버지 편을 들면서 여성과 전라도, 이주민 등을 '무임 승차'라는 논리로 폄하하고 증오하는 이른바 '일베화' 현상은 바로 이런 우리 사회의 위기를 적나라하게 드러내는 지표입니다.

함께 공부합시다

그러면 어떻게 방향 전환을 해낼 수 있을까요? 아마도 여기 계신 분들은 기존의 정치계를 포기한 경우가 대부분일 것입니다. 각자 길을 찾아보려고 이 자리에 오셨다고 생각합니다. 그렇다면 답은 간단합니다. 공부하시면 됩니다.

學而時習之 不亦說乎(학이시습지 불역열호)

《논어論語》학이學而편에 나오는 이 구절, 많이 들어보셨죠? 배우고 또 때때로 익히면, 또한 기쁘지 아니한가.

그렇습니다. 그간 우리는 입시 공부를 한다고 배움의 즐거움을 잊고 살았는데요. 지금은 그 배움을 기쁘게, 즐겁게 할 때입니다. 혼자가 아니라 여러 사람들이 모여 함께 이야기하고 공부하는 자리가 많아져야 한다고 생각합니다. 의논할 줄 아는 국민이 되어야 하는 것이지요. 현재 세계은행 총재로 있는 김용 박사는 원래 의료인류학자인데요. 다트머스대학 총장 시절, 졸업식에서 이런 이야기를 했습니다.

"3M에서 3E로 옮겨가야 한다."

3M은 바로 돈Money, 시장Market, 나Me를 의미합니다. 3E는 윤리Ethics, 사회적 관여Engagement, 탁월함Excellence을 말합니다. 우리가

기계가 아니라 사회에 관여하는 유기체적 존재로서 윤리적 삶을 살아야 하고, 세상을 구할 탁월함을 드러낼 수 있어야 한다는 것이지요. 어렵지 않습니다. 그저 나 자신, 나/우리가 살고 있는 사회, 그간 몸담아왔던 돈이 지배하는 이 체제를 낯설게 보기 시작하면 됩니다.

이와 관련된 좋은 책들이 참 많이 나와 있습니다. 한나 아렌트의 《인간의 조건The Human Condition》을 비롯해 "고양된 인간성은 공공적 모험을 통해 지구라는 장소 안에서 이루어져야 한다. 공공적 모험을 해야 한다"고 말하는 지그문트 바우만Zygmunt Bauman의 책들도 좋습니다. 바우만은 영토성에 바탕을 둔 국민 국가 개념을 넘어서야 한다고 말하는데, 이는 우리 모두 주목해야 할 이야기입니다.

우리는 '국가' 하면 그 개념을 영토 중심으로 한정하잖아요? 하지만 지구라는 큰 그림을 생각했을 때, 영토 분쟁이란 해서는 안 될 일입니다. 지금 일본과 우리나라 사이에 독도 문제가 심각한 쟁점으로 부각되고 있죠? 풀기가 너무 어려워서 쉽사리 건드릴 수 없는 문제입니다. 확실한 것은 이 문제를 영토성 중심으로 바라보게 되면, 제대로 해결할 수 없다는 점입니다. 국가에 대한 개념을 바꾸어야만 합니다.

울리히 벡Ulrich Beck은 '위험 사회risk society'와 '해방적 파국'에 대해 이야기했죠. 우리는 위험이 일상화된 사회에 살고 있으며, 이를 통제하려 하면 할수록 실은 더 위험해진다는 게 그의 주장인데요. 이런 맥락에서 보면 위험을 없앨 수 있다고 말하는 사람은 일단 의심해야 하는 무식한 사람이거나 사기꾼일 가능성이 큰 셈입니다.

우리는 지금 엄청난 위험 부담을 안고 살아가고 있으며, 그런 면에서 파국적 상황을 살아가고 있음을 인식/인정해야 다음 단계로 이동할 수 있습니다. 경제를 강조하는 이들이 위험한 것은 바로 우리 사회의 성격을 제대로 인식하고 있지 못하기 때문입니다. 이런 파국적 상황을 인식하는 것이야말로 해방적인 경험이기에 '해방적 파국'이라는 단어를 쓰고 있는 것입니다.

최근 《다중Multitude》과 《공통체Commonwealth》를 쓴 안토니오 네그리Antonio Negri와 마이클 하트Michael Hardt 그리고 이탈리아의 현대 사상가 조르조 아감벤Giorgio Agamben도 여기서 말하는 문제의식에서 해법을 찾는 시대의 선각자들입니다. 이들은 단일한 국민의 시대를 넘어 다중적 시민들이 목소리를 내는 시대가 왔음을 강조하면서, 외국인 노동자나 난민 상황에 처한 이들을 포함하는 다양한 주체들이 함께 만들어가는 시대적 변화를 보자고 말합니다. 네그리와 하트는 다중이 생겨날 필수 조건으로 공통체commonwealth를 강조합니다. 공유지의 비극을 말하지만 사실상 인간의 역사는 공유지에서 시작되었고, 그것이 사라질 때 함께 사라지게 되는 것입니다.

《공유의 비극을 넘어Governing the commons》를 쓴 엘리너 오스트롬Elinor Ostrom의 이야기도 이런 맥락에서 읽어볼 만한 책이고요. J. K. 깁슨 그레이엄J. K. Gibson-Graham, 제니 캐머런Jenny Cameron, 스티븐 힐리Stephen Healy가 함께 쓴 《타자를 위한 경제는 있다Take Back the Economy》에는 실천적 사례들이 많이 담겨 있습니다. 현재 우리 사회에서는 세상을 긍정적으로 바라보라는 메시지가 넘쳐나고 있는데요. 그런 긍정성이 결국 너를 배신할 거라고 말하는 책 바버라 에런라이크Barbara Ehrenreich의 《긍정의 배신Bright-sided》도 눈여겨보시면 좋겠습니다.

아감벤은 서로 경쟁하고 모두를 서열화된 사적 존재로 만들어 내는 이 체제에 저항한다는 것이 곧 존재 그 자체를 긍정하는 삶의 자리를 만드는 길이라고 말합니다. 이는 미셸 푸코Michel Foucault가 《헤테로토피아Les Hétérotoopies》에서 말하는 내용과 일맥상통하는 것이지요. 국민의 시대에는 모든 국민이 단결해서 유토피아로 가야 한다고 했지만, 이제는 "다락방, 목요일 오후 엄마 아빠의 침대, 묘지, 사창가, 휴양촌…" 등 공식적으로 제도화되지 않은 공간에서 나를 살리는 '헤테로토피아'를 만들어가는 시대라는 이야기입니다.

그런가 하면 사회학자 리처드 세넷Richard Sennett은 최근 함께하는 것 자체를 강조하면서 또한 "장인이 되어야 한다. 다시 장인이 되어야 한다"라고 말합니다. 그리고 도시와 같은 삶의 공간을 다시 들여다보기 시작했습니다.

지금까지 제가 언급한 책이 꼭 아니더라도 좋은 책들이 많이 나오고 있습니다. 서구의 책들을 예로 든 것은 그쪽이 먼저 자본주의화된 바, 상황을 좀 더 길게 지켜보고 그에 걸맞은 시각을 갖게 됐기 때문인데요. 사실 요즘 한국에서도 한국의 근대화에 바탕을 둔 탁월한 책들이 계속 나오고 있습니다. 저는 우석훈 씨의 《직선들의 대한민국》, 한병철 씨의 《피로사회》나 엄기호 씨의 《단속사회》가 한국적 근대화에서 나올 수 있는 탁월한 이론서라고 생각합니다. 그 밖에도 저는 두세 명 정도가 모여 공동으로 한 연구가 담긴 책, 특히 젊은 학자와 나이 든 학자가 함께 작업한 좋은 책들에 설렙니다.

제가 무엇보다 강조하고 싶은 것은 책을 읽고 누군가와 나누어야 한다는 겁니다. 같이 읽고 의견을 나누면 좋겠습니다. 그런 과정이 해방적인 경험이어야 하는 것이지요. 너무 어려운 책은 고르지 마시고, 잘 이해되는 책부터 보시기 바랍니다. 책 읽는 것을 아주 싫어하는 분들은 책 읽는 것을 아주 좋아하는 친구를 곁에 두시면 됩니다!

서로서로
작당합시다

생각을 나누게 되면 자연스럽게 모여 무언가를 하게 되겠지요. 우치다 타츠루는 《혼자 못 사는 것도 재주》라는 책을 썼습니다. 혼자 잘 사는 것만 재주라고 생각하죠? 그런데 그게 아니라는 겁니다. 혼자 못 살아서 서로 부딪치며 사는 것이 제대로 사는 것이라는 이야기이지요. 저는 저 자신이 혼자 못 사는 사람에 속하고, 늘 결핍이 축복이라고 생각하며 살아왔습니다. 다 가진 사람은 누구와 손잡을 줄 몰라요. 혼자 너무 열심히 노력한 사람은 억울해서 나누질 못합니다. 그런 이들은 손해 볼까 봐 전전긍긍하거나 적대적으로 변할 가능성이 크지요.

그렇다면 경쟁과 적대의 존재로 키워진 사람은 어떻게 해야 다시 협동적 존재가 될 수 있을까요?

'인간은 당연히 사회적 존재 아닌가'라고 투덜대는 분도 있을지 모르겠네요. 그렇다면 사회적인 것을 자신이 얼마나 갖고 있는지 생각해보세요. 내게 문제가 생기면 누구와 의논하는지, 의논할 수 있는 대상이 몇이나 있는지, 한두 명에게 조언을 구하는 것을 넘어 회의를 소집하고 함께 행복해지기 위해 얼마나 많은 시간과 자원을 공유해왔는지 한번 되돌아보세요.

책을 읽고 나면 누군가와
그것을 나누어야 합니다.
함께 읽고 의견을 나누면 좋겠습니다.
책 읽는 것을 아주 싫어하는 분들은
책 읽는 것을 아주 좋아하는 친구를 곁에
두시면 됩니다!

저는 이런 과정이 조화롭게 일어나는 곳을 '창의적 공유 지대'라는 말로 설명합니다. 여러분들은 이제부터 그런 작은 사회 단위를 만들어가야 합니다.

안토니오 네그리와 마이클 하트는 이를 '특이성과의 만남'이란 말로 표현했는데요. 자본주의 사회에서는 계산을 하다 보면, 우리가 다 똑같이 생각하고 행동하게 됩니다. 등가 교환을 하기 때문에 아주 비슷한 것끼리 만나게 되지요. 예전에는 부부를 보면 키 작은 남자는 키 큰 여자를 만나고, 잘생긴 남자는 그렇지 않은 수수한 여자와 만나는 등 상호 보완적인 경우도 많았습니다. 그러나 자본주의가 무르익으면서 대부분 키도 비슷하고 가진 것도 비슷하고 생긴 것도 비슷한 사람들끼리 부부로 만나고 있습니다. 그런 비교 등가적 관계가 아닌 만남은 어려울까요?

우리나라에서는 한국 사회 특유의 입시 문화 속에서 각자가 가진 특이성을 전혀 발현하지 못하고 있는데요. 이것 역시 우리 문화의 특이성이라고 할 수 있습니다. 인류학에서는 진화를 이야기할 때 종의 다양성을 강조합니다. 다양성이 큰 종일수록 환경 변화에 적응하면서 생존할 확률이 높다는 것이지요.

획일성을 복제하는 데 급급한 사회는 변화하는 환경에 대한 적응력이 별로 없는 사회입니다. 다양성이 조직화되어 있는 사회가 좋은 사회죠. 획일적 국민을 계속 만드는 나라에 미래란 없어요.

각자가 특이한 존재라는 점을 인식하고 서로를 특이한 존재 그 자체로 받아들이고 만나면서 협동하는 사회, 그런 사회를 상상해 봅시다.

"나는 연봉 1억을 받으며 눈 코 뜰 새 없이 살아가느니, 월 50만 원을 받으면서 시간을 벌겠어."
"나는 쉴 새 없이 돌아가는 돈벌이 기계 속에서 3년간 돈을 번 다음, 5년간 나를 행복하게 하고 사회를 낫게 만드는 일을 하며 살겠어."

이런 다짐을 하는 친구들이 생겨나 서로 작당을 하게 될 겁니다. 세상이 너무 살벌하고 추우니 이글루라도 짓자는 의미에서 '이글루'라는 이름의 카페를 낸 청년들이 있습니다. 이 친구들은 경제적으로 자립하는 동시에 타인을 도울 수 있을 만한 일감을 만들어내는 소셜 플랫폼을 만들어가는 모임을 운영합니다.
물론 그간 각자 도생해온 청년들이 갑자기 작당하는 것은 쉬운 일이 아닐 겁니다. 그래서 저는 '난감 모임'이라는 재미난 형태의 모임을 제안합니다. 이 모임에서는 해결책을 가지고 오는 사람을 쫓아냅니다. 먼저 무엇이 난감한지에 대해 각자 다르게 느끼고 있을 가능성이 크니, 그 지점은 분명히 짚고 넘어가야 합니다. 그리고 모임 자체가 해방적인 배움의 자리가 되어야 합니다. 그 자리에서는 "나는 이러이러해서 무척 난감해" "그 문제에 대해 나는 이렇게 생각해"라고 말하면 됩니다. 저는 여러분이 수시로 이런 난감 모임을 가질 친구를 만들어내기를 바랍니다.

그것도 부담스럽다 싶은 분들에게는 '심심 모임'을 권합니다. 이 모임은 그냥 모여서 각자 냉장고에 있는 식재료를 가져다가 함께 요리해 먹고, 수다 떠는 모임입니다. 그렇게 수다를 떨다 보면 어느새 문제가 풀리곤 하지요. 함께 먹는 밥이야말로 가장 큰 힘이고, 지혜의 원천입니다.

그러다 여유가 생기면 살림/살이 경제에 눈을 돌려 보세요. 요리도 해보고, 농사도 지어보고, 목수 일도 해보면서 재주를 부려 보세요. 더 여유가 생기면 주거 문제 해결을 위한 20대들의 모임에도 가보시고요. 국가가 해결하지 못하는 구조적 실업 문제 해결을 위해 실업 수당과 시민 수당 제도도 마련해내야 합니다. 모두를 정규직으로 만들자는 비현실적인 구호가 아니라, "시급을 만 원으로 올리자"거나 "동일 노동에 동일 임금이 보장되는 합리적인 사회를 만들어가자"는 구호가 필요합니다.

이것이 무리한 요구라고요? 그간 자연 자원을 엄청나게 파괴한 MB의 4대강 사업이나 자원 외교에 들어간 어마어마한 숫자의 재원은 사실상 GNP 3만 달러 시대의 한국 경제와 사회를 제대로 살릴 청년들을 지원하기 위한 비용이어야 했습니다.

한국은 2018년 고령 사회에 접어들 것이고, 이후 더 빠른 속도로 초고령 사회에 진입할 것이라고 합니다. 지난 10년 새 20대 인구는 65만 명이 줄었고, 일자리는 그보다 더 빠르게 감소하고 있습니다. 청년 실업률은 2015년 2월 11.1퍼센트로 외환위기 이후 최고치를 기록했고, 일터의 환경이나 노동 강도는 더욱 높아졌습니다. 지금이라도 우리는 미래의 성장 동력이 과학 기술에 있는 것이 아니라 청년들에게 있음을 분명히 해야 합니다. 미래를 개척해나가는 것은 청년 당사자들이 해내야 할 일입니다(2015년 4월 2일과 9일 KBS1 〈명견만리〉에서는 '인구쇼크, 청년이 사라진다' 2부작을 내보냈는데, 돈을 쓰지 않고 자족하면서 살려는 일본의 사토리 세대, 매년 몇만 명이 실업의 고통 속에 해외로 떠나는 이탈리아 청년 그리고 청년 복지와 투자로 실업의 공포 없이 살아가는 독일 청년 들을 비교하고 있습니다. 우리에게도 시사하는 바가 큰 이 프로그램을 꼭 한번 찾아보시길 권합니다).

이렇게 작당하여 마을에서 그리고 지구에서 친구들과 살다 보면 자연스럽게 가정도 꾸리고 나라도 좋아질 것입니다. 여러분은 이제 각자 도생하는 버릇 내지 태도를 버리고, 친구를 사귀셔야 합니다. 연애보다 우정, 사랑보다 의리라는 것이지요. 가족도 기획 관리자가 있는 조직이 아니라 밥을 맛있게 같이 먹는 관계, 서로를 돌보고 아끼는 주거 공동체가 되어야 합니다. 그러면 많은 이들이 잘 풀릴 것입니다. 가난하게 살더라도 집을 떠나 자유롭게 살 수 있는 조건이 마련될 때 성인이 된 청년은 부모와 정겹고 협력적인 관계를 만들어갈 수 있을 겁니다.

혹시 느티나무 도서관에 대해 들어보신 적 있나요? 이곳에서는 어린이를 중심으로 공동체가 구성되는데요. 이 공동체 안에서 자란 아이들은 나중에 크면 여기에서 결혼식을 올리겠다고 말합니다. 안정적이고 행복한 가족 관계는 마을에 바탕을 둘 때 가능하다는 사실을 보여주는 증거인 셈이지요.

정리합니다. 여러분에게 필요한 것은 바로 느린 시간, 멈춰 있을 장소, 느슨하지만 지속적인 관계를 맺어가는 것, 이 세 가지입니다. 바로 '고치를 칠 시간과 장소'인 것입니다. 지금은 아무것도 하지 못하는 시기가 아니라 고치를 쳐야 하는 전환기입니다. 여러분들은 바로 새 시대를 위해 고치를 치고 계신 거고요.

끝으로, 환경 운동가 마사키 다카시正木高志의 생태 에세이 《나비 문명蝶文明》에 등장하는 우화를 들려드릴까 합니다.

나무에 사는 애벌레들은 자신들이 잎을 모두 먹게 되면 나무가 죽게 될지도 모른다고 걱정합니다. 잎을 다 먹어버리면 나무가 말라버려서 결국 거기에 아무도 살지 못하게 될 거라고 말이죠. 그러자 나무가 말합니다.

"너는 곧 나비가 될 거야. 나비가 되면 누구도 잎을 먹지 않아. 꽃의 꿀을 찾지. 그리고 꿀에 취해 춤도 춘단다. 그럼 꽃이 열매를 맺겠지?"

여러분에게 이 우화가 생각할 시간을 만들어주었으면 합니다. 함께해주어 고맙습니다.

우리는 어디서 와서 어디로 가는가

b y   이 명 현

여러분 모두 1월 1일 0시부터 새로운 역사를 쓰실 수 있습니다.
우리가 그냥 별 먼지였다면 불가능한 일이겠지만,
우리는 '생각하는 별 먼지'이기에 가능한 일입니다.

안녕하세요. 저는 별을 공부하는 사람입니다. 오늘 이 자리에서
는 이렇게 넓은 우주에서 우리 존재가 갖는 의미에 대해 생각해
보려고 합니다.

별과 나는
무슨 상관인가

먼저 조금 특별한 하늘에 관한 이야기로 말문을 열까 합니다.
2014년 11월, 저는 천체 사진을 찍는 분과 함께 몽골에 다녀왔습
니다.

여러분이 보시기엔 좀 이상할지 모르지만, 몽골에 별을 보러 다니는 분들이 있어요. 별은 어디서나 볼 수 있는 건데, 굳이 그렇게까지 할 필요가 있을까 궁금하실 텐데요. 사실 우리가 살고 있는 도시에서는 인공 불빛이 너무 많아서 별을 관찰할 수 있는 기회를 갖기가 어렵습니다. 현재 우리는 인공 불빛에 익숙해 있지만, 1,000년 전 아니 50년 전에 사셨던 분들만 해도 인공 불빛에 가려지지 않은 밤하늘을 보며 은하수 이야기를 할 수 있었거든요. 그래서 실제로 '다크 스카이Dark Sky'라고 하는 세계적인 운동이 있을 정도입니다. 밤하늘은 어떻게 보면 우리 인류의 커다란 문화유산이기도 하니까, 그런 어두운 밤하늘을 보존하자는 운동인 것이죠.

아마추어 천문학자들은 이런 밤하늘의 어둠 정도에 특히 민감해서 돈과 시간을 투자해 몽골이나 서호주에서 별을 봅니다. 몽골의 낮 하늘은 우리나라의 그 어느 도시보다 공해나 불빛이 없어 청명합니다. 밤하늘은 그야말로 별빛이 쏟아집니다. 원래 인간이 가장 어두운 곳에서 육안으로 별을 6,000개가량 볼 수 있다고 하는데요. 우리는 북반구에 사니까 2,000개가량을 볼 수가 있습니다. 몽골의 밤하늘에서는 아마 그 정도의 별을 볼 수 있을 겁니다.

저는 그때 몽골에 가서 어릴 때 본 여러 별자리들을 찾아봤는데요. 함께 간 천체 사진가 분께서 여러 사진들을 찍어주셨습니다. 그중 한 사진을 보면, 까만 건 먼지이고, 붉은 건 성운, 하얀 점들은 별입니다. 밤하늘을 그냥 보면 별만 있는 것 같지만, 조금 더 마음을 열고 보면 이렇게 새로운 세상이 보이기도 합니다. 이것이 밤하늘이나 별을 보는 이유, 그것의 의미가 아닐까 생각합니다.

구태여 몽골까지 찾아가 추위에 떨며 하늘을 바라볼 때의 기분은 말로 설명하기 힘듭니다. 아마 여러분이 저 대신 가셨어도 그런 느낌을 받으셨을 거예요. 사실 몽골이 아니라 어디에 가도 그럴 수 있어요. 별이 왠지 남다르게 느껴지지 않으세요? 제 친구는 실연을 당한 다음에 달에다 대고 욕을 하면서 그런 느낌을 받았다고 합니다.

별을 보다 보면 어느 순간 아득하기도, 아련하기도, 연민이 느껴지기도 해요. '아, 내가 별과 교감을 하고 있구나' 하는 느낌도 들고요. 특히 몽골처럼 사방이 깜깜한 곳에서 늑대 울음소리를 들으며 별을 보면 그런 느낌이 옵니다.

저는 어릴 때 이것이 단지 우리들이 가진 감수성의 문제인 걸까, 라는 생각을 해본 적이 있습니다. 아마 여러분 중에도 그런 생각을 했던 분이 계실지 모르겠네요. 저는 이처럼 우리가 별과 서로 얼마나 밀접한 관계인지에 대해 먼저 여러분이 생각해보고,

별을 보다 보면 어느 순간 아득하기도,
아련하기도, 연민이 느껴지기도 합니다.
'아, 내가 별과 교감을 하고 있구나' 하는
느낌도 들고요. 이처럼 우리가 별과 서로
얼마나 밀접한 관계인지에 대해
여러분이 생각해보고, 이 점을
이해해주셨으면 좋겠습니다.

이 점을 이해해주셨으면 좋겠습니다.

계속 팽창하는
우주

여러분 큐브 아세요? 제 딸이 중학교 3학년인데, 한동안 큐브에 꽂혀서 이걸 정말 열심히 연구했습니다. 그러면서 어느 날은 아빠도 해보라고 주더군요. 하지만 큐브는 답이 정해져 있어서 흥미를 못 느끼겠다고 했습니다. 사실은 할 줄 몰라서 그런 거예요. 잘할 자신도 없었고요.

그런데 인터넷에 검색을 하면 큐브 맞추는 공식이 나와 있어서 단 5분 만에 이걸 풀 수 있다고 합니다. 정말 복잡해 보이는 큐브도 공식만 제대로 알면 5분 안에 마스터가 가능하다는 얘깁니다. 제가 뜬금없이 큐브 이야기를 꺼낸 이유도 바로 이겁니다. 오늘 제가 말하려는 이 거대한 주제를 풀어가려면 먼저 기본적인 개념부터 잡아야 합니다. 그러려면 아주 간단한 생각의 기초부터 닦아야 하고요. 본격적으로 이야기를 시작하기 전에 지금부터 그런 시간을 가져볼까 합니다.

우리가 사는 우주는 팽창하고 있어요. 지금 이 순간에도 우주는 계속 커지고 있습니다. 이를 흔히 '팽창 우주', '빅뱅 우주론'이라고 해요. 이런 이야기를 듣고 나서 아무도 감동하거나 소리를 지른다거나 하지 않죠? 저는 그 생각만 하면 가슴이 터질 것 같은데 말입니다.

왜 여러분이 즉각적으로 팽창 우주론에 반응을 하지 않는 것일까요? 바로 지금 주변을 둘러보아도 팽창하는 게 아무것도 보이질 않으니까 그렇습니다. 우주가 팽창하는 스케일과 여러분 일상의 스케일이 달라도 너무 다르거든요. 그런데 천문학자들은 지금 이 순간에도 우주가 엄청난 속도로 팽창한다는 사실에 자기들끼리 흥분해서 경이로움을 느끼곤 한답니다.

우리가 아는 우주에 대한 이야기 그리고 지금 제가 말하려는 별의 일생 이야기 모두 우주가 끊임없이 팽창하고 있다는 개념 하나로부터 모든 설명이 시작됩니다. 만약 그 전제가 무너지면, 우리가 아는 우주를 모두 버리고, 새 우주를 만들어야 합니다. 사실 그러면 과학자들은 더 신나겠죠. 과학자들에게는 예측하고 확인하는 것도 신나는 일이지만, 이들이 더 크게 의의를 두는 것은 확고하게 믿던 것이 파괴될 때, 그러니까 완전히 새 세상이 열릴 때니까요. 그런 것들에 더 큰 관심을 가지고 있는 게 바로 과학자들이죠. 그리고 이것이 바로 종교와 과학의 차이라고도 할 수 있습니다.

본론으로 넘어가 볼까요. 제가 지금 이 순간에도 우주가 커지고 있다고 말씀드렸는데요. 이런 변화를 우리가 느낄 수는 없습니다. 대신 한번 상상해보세요.

강연장 1, 2, 3층이 모두 우주라고 가정을 해보겠습니다. 우리는 은하라고 생각하고요. 이 순간, 우주가 팽창합니다. 이 말은 우주 속에 있는 우리가 팽창한다는 것이 아니라, 우주로 가정한 이 강연장 자체가 2배, 3배로 커진다는 의미입니다. 그러면 우리 은하들은 가만히 있는데, 옆 은하와의 거리는 그만큼 멀어지게 됩니다. 쉽게 말해, 바닥이 넓어지면서 나는 가만히 있는데 옆 사람이 멀어진 것처럼 보인다는 것이죠. 이것이 바로 우주가 팽창한다는 개념입니다.

우주가 점점
작아진다면

이 개념을 머릿속에 넣어둔 채 이제 과거로 가보겠습니다.

여러분이 지금 매우 촘촘하게 앉아 계신데요. 이 상태에서 강연장, 즉 우주가 작아진다고 생각해보세요. 우주는 점점 팽창하고 있으니, 작아진다는 것은 곧 과거로 간다는 의미입니다. 우주는 미래로 갈수록 커지고, 과거로 갈수록 작아지는 것입니다.

지금보다 작아진 우주로 가보세요. 그럼 옆 사람과의 간격이 좁아져서, 서로 껴안아야 합니다. 이 우주가 만약 1,000배 더 작아졌다고 생각해보세요. 그러면 어떻게 해야 할까요, 이 많은 사람들을? 차곡차곡 쌓아도 안 될 것 같고요. 할 수 없이 우리가 분해되어야 합니다. 우리를 분해해서 세포 하나하나를 뜯어내 작아진 우주에 집어넣는 거예요.

다 들어갔다고 칩시다. 그러면 이번에는 또 그 크기에서 우주가 과거로 돌아가 훨씬 더 줄어든다고 생각해보세요. 세포 상태로 쪼개진 여러분을 이번에는 분자로 쪼개야 합니다. 그러고 나서 우주가 또 작아진다고 해보세요. 이번에는 또 훨씬 더 작은 우주가 되는 거예요. 분자는 무엇으로 이루어져 있죠? 그렇습니다. 원자예요. 이번에는 분자를 원자로 쪼개어 더 작은 우주에 집어넣는 겁니다.

원자는 가운데에 핵과 전자가 있는데요. 그 사이에 공간이 있습니다. 그렇게 보면, 이 강연장 한가운데에 콩 하나를 놓고, 다른 데 쌀알을 놓으면 그게 곧 원자 모형이라고 볼 수 있습니다. 그래서 우주가 또다시 작아진다면, 이제 원자와 전자를 분리하면 됩니다. 우리가 고등학교 때 배운 개념, 이온화를 시키는 것이죠. 그러면 나름대로 넓은 공간을 확보할 수가 있어요. 그때 원자와 전자를 같이 집어넣으면 됩니다.

여기서 더 작아졌어요. 그러면 어떻게 해야 할까요? 또 쪼개야죠. 그런데 전자는 더 이상 쪼갤 수가 없습니다. 원자는 구조를 갖고 있지만, 전자에게는 구조가 없거든요. 그래서 대신 원자핵을 쪼개야 합니다. 그러면 양성자와 중성자로 나뉩니다. 그렇게 쪼개면 양성자와 중성자, 전자가 살게 돼요. 그 우주를 또 더 작게 만들어서 점점 과거로 간다고 생각해보세요. 그러면 그들도 버티지 못해 또 쪼개야 하는 순간이 옵니다. 그걸 쪼개면 이번에는 쿼크가 나와요.

쿼크가 모이면, 양성자나 중성자가 됩니다. 쿼크와 전자는 우리가 알고 있는 물질의 가장 작은 단위입니다. 더 쪼갤 수 없다는 말입니다. 여러분이 그러하듯 말이죠. 그런데 쿼크와 전자로 이루어진 우주를 더 과거로 보낸다고 해보세요. 이제 어떻게 해야 할까요? 이미 쿼크라는 최소 단위에까지 도달한 상태인데 말입니다. 공간이 점점 작아지는 이 상황에서 무엇을 하면 될까요?

여러분은 이미 답을 알고 있습니다. 유명한 공식이 있죠?

$$E = mc^2$$

여기에서 E는 에너지, m은 질량을 의미합니다. 이 공식이 말해주는 것 중 하나는 물질이 곧 에너지라는 겁니다. 이제 답이 나오죠? 어떻게 하면 될까요? 그렇습니다. 물질을 에너지로 만들면 됩니다. 쿼크나 전자를 에너지로 만드는 거예요.

이렇게 해서 우리는 이제 아주 먼 과거의 우주로 돌아갔습니다. 이 우주는 거의 점에 가깝고, 에너지로 완전히 가득 차 있어요. 지금 저는 세상의 모든 이야기를 거의 다 한 셈입니다.

우주가 점이 되었잖아요? 이 점을 미래로 보내면, 우주가 점점 커져요. 제가 지금까지 한 설명을 역순으로 펼쳐놓으면, 그것이 곧 우주의 역사가 됩니다.

우주가
점점 커진 결과

알다시피 여러분이나 저나 우리들은 모두 세포로 이루어져 있습니다. 세포는 분자로 이루어져 있고, 분자는 원자들로 이루어져 있고요.

원자들은 어디에서 생긴 것일까요? 제가 계속 말씀드린 것처럼 과거로 갈수록 세포가 쪼개지잖아요. 어느 시점에 그것들이 생겨나 우리를 형성하는 것이죠. 우리 몸을 구성하는 대표적인 물질이 탄소, 수소, 질소입니다. 이런 물질들이 어디에서, 어떻게 생겨났는지 알게 되면, 그것이 바로 우리들의 기원에 대한 이야기가 되는 것입니다.

정리해보겠습니다. 우주가 태어났어요. 우주가 태어났다는 말은 무슨 의미일까요? 어느 시점에 막대한 에너지를 가득 품은 일종의 '점' 같은 것이 나타났다는 말입니다. 우리 모두를 동전 안에다 집어넣는다면, 그 밀도가 엄청나겠죠? 옆 사람과 계속 부대낄 테니 무척 뜨거울 것이고요. 우주가 태어났을 때 바로 그런 상태였다고 보시면 됩니다.

이렇게 점 정도 크기의 작은 우주를 상상해보세요. 그런데 예전에 배웠던 질량 보존의 법칙, 에너지 보존의 법칙 기억하시죠? 우주 안에 담긴 에너지의 양은 그때나 지금이나 똑같아요. 시간이 지나면서 달라진 것은 단지 부피뿐인 겁니다. 이 이야기는 곧 초창기 우주는 밀도와 온도가 대단히 높았다는 사실을 의미합니다. 우주가 점점 커지면서 밀도가 낮아진 겁니다. 이에 따라 온도도 낮아진 것이고요. 이것이 바로 우주의 역사입니다.

구체적으로 어떤 일이 발생했을까요? 역순으로 일이 벌어졌다고 보시면 됩니다. 엄청난 에너지를 가진 우주가 태어나요. 이 우주는 온도와 밀도가 대단히 높습니다. 시간이 지나 이 우주가 커질수록 가득 찼던 에너지의 밀도가 낮아지면서 이것이 물질로 변

우주가 태어났다는 말은 무슨 의미일까요?
어느 시점에 막대한 에너지를 가득 품은
점 같은 것이 나타났다는 의미입니다.
우리 모두를 동전 안에 다 집어넣는다면
그 밀도가 엄청나겠죠?
옆 사람과 계속 부대낄 테니
무척 뜨거울 것이고요.
바로 그런 상태라고 보시면 됩니다.

화합니다.

첫 번째로 작은 것이 쿼크. 현재 물리학자들이 아는 최소의 물질 단위입니다. 그다음이 전자입니다. 이 두 가지가 제일 먼저 생깁니다. 그리고 우주가 더 커지고 차가워지면, 이번에는 쿼크가 뭉쳐 양성자와 중성자가 생겨납니다. 더 커지면, 이 둘이 합쳐져 원자핵이 생기고, 거기서 더 커지면 핵과 전자가 만나 원소를 이룹니다. 더 커지면, 드디어 별이 생성되기 시작합니다. 이렇게 제가 처음에 말씀드린 것의 역순으로 별이 생겨나는 것입니다.

숫자를 좋아하실지 모르겠지만, 이 자리에서 몇 가지를 외워 보겠습니다. 양성자나 중성자 같은 것들이 원소를 형성하는 기본 물질인데요. 이것들은 요리로 치면 원재료에 해당한다고 보실 수 있습니다. 이것들이 다 만들어지는 데 걸리는 시간이 3분이에요. 현재 우주 나이가 138억 년인데요. 우주가 나이를 먹는 이 시간 동안 단 3분 안에 양성자, 중성자, 전자라고 하는, 몸을 이루고 물질을 이루고, 행성을 이루는 기본 물질 재료가 만들어집니다. 즉, 3분은 재료 생성의 시간인 셈이죠.

우주에게 가장 중요한 시간은 바로 이 3분이었어요. 얼마나 중요한지, 미국의 세계적인 물리학자 스티븐 와인버그Steven Weinberg는 이러한 내용을 가지고 《최초의 3분The First Three Minutes》이라는 책을 쓰기도 했습니다.

그다음으로 중요한 시점은 우주 나이 38만 년일 때 찾아옵니다. 이때 원자핵과 전자가 결합해 원소가 만들어집니다. 주기율표가 무엇인지 알고 계시죠? 현재 1번부터 110번대까지 원소가 등재되어 있는데요. 주기율표 1번이 수소, 2번이 헬륨, 3번이 리튬입니다. 이 세 가지 원소가 우주 나이 38만 년일 때 생겨납니다. 이 앞에 놓여 있는 물은 분자식이 H_2O잖아요. 두말할 것 없이 H는 수소, O는 산소이고요. 나중에 이 둘이 결합해 물이 생겨난 겁니다.

이때 생긴 양성자들은 지금까지 재활용되고 있어요. 들락날락하면서 없어지지 않아요. 이 양성자들이 스스로 없어지는 시점은 아마 우주 종말의 그날보다 더 나중이 될 것입니다.

이런 생각을 해볼 수도 있습니다. 과거 어느 시점에 아인슈타인이 강연을 했다고 칩시다. 그가 말을 할 때마다 침이 나오겠죠. 그 침 성분은 공기 중을 떠돌다가 어딘가에 흡수될 수도 있습니다. 또 그분이 돌아가셔서 땅속에 묻히면 시신이 분해가 될 것입니다. 모든 것이 분해되겠죠. 그 아인슈타인이 묻힌 자리 옆에 나무를 심어요. 나중에 나무가 다 자랐을 때 그것을 베어 우리나라에 가져와요. 그렇게 아인슈타인의 물질이 떠돌다가 우리 몸에 들어와 있을 수도 있는 겁니다.

결국 우리는 하나인 셈입니다. 모두가 다 연결되어 있어요. 좀 이상하게 느껴지시나요? 이렇게 생각하면 좋습니다. 여러분이 사랑하는 사람의 산소, 수소, 탄소가 내 몸속에 있다고요. 위안이 되실 겁니다.

그다음으로 중요한 시점이 우주 나이 4억 년 무렵일 때입니다. 이때 드디어 별이 탄생합니다. 우주가 커지면서 우주 속 물질들은 점점 뭉치게 됩니다. 그러면서 별이 생겨나는데요. 별은 성운星雲 안에서 생성됩니다. 그런데 별이 생기는 것이 굉장히 중요한 일이에요. 수소 같은 것은 우주가 젊을 때 생겨나지만, 산소와 질소, 탄소는 별이 죽어가는 과정에서 생겨나기 때문입니다. 그 과정이 없으면 아예 태어나질 못하죠.

우주에 빚을 진 채 살아가는 우리들

별은 그 종류가 매우 다양한데, 크게 보면 큰 별과 작은 별이 있습니다. 우리에게는 어마어마한 존재로 느껴지는 태양도 우주 전체로 보면 작은 별에 속합니다. 영어로 드워프dwarf(난쟁이)라는 명칭이 붙고요.

우주에는 태양보다 10배, 20배, 30배 큰 별들도 존재하는데요.

이때 큰 별이라는 것은 그 속에 원소를 많이 가지고 있어 그만큼 질량도 크고 밝기도 밝다는 의미입니다. 핵융합 과정을 통해서 별빛이 생깁니다. 복잡한 핵융합에 대해서는 설명하지 않겠습니다. 핵융합 작용을 통해서 별빛이 만들어진다는 것만 기억하시면 됩니다.

태양은 100억 년을 삽니다. 현재 태양의 나이가 50억 년이니, 우리는 별로 걱정하지 않아도 되겠죠? 태양보다 몇십 배 무거운 별은 그 많은 재료가 들어가 있는데도 기껏해야 1억 년, 1,000만 년, 100만 년밖에 살지 못합니다. 밝은 빛과 큰 몸을 유지하려면, 그만큼 땔감이 많이 필요하기 때문이죠. 그런 큰 별들은 다이내믹한 삶을 살다가 죽을 때도 멋지게 죽어요. 반면 태양은 짧고 가늘고 비실하게 하지만 길게 살다가, 죽을 때도 별 볼 일 없이 초라하게 죽습니다.

지금은 동그랗지만, 태양은 죽을 때가 되면 그 속에서 연료를 다 태우면서 원소를 만듭니다. 처음에는 주로 수소밖에 없었지만, 나중에는 탄소, 산소, 질소를 만들면서 서서히 빛을 잃을 때까지 버티다가 죽습니다. 태양은 너무 작아서 폭발도 하지 못합니다. 게다가 힘이 없어서 커지고, 작아지고를 반복하다 커지는 부분과 작아지는 부분이 조용히 이별하며 행성상성운行星狀星雲, planetary nebula(망원경으로 살펴봤을 때 행성처럼 보여 이런 명칭이 붙

앞 세대 별들이 생사生死를 반복하며,
산소와 탄소, 질소 들이 풍부해졌겠죠.
그래서 지금과 같은 태양과 지구가
만들어진 것이고, 우리 같은 생명체가
탄생할 수 있었습니다. 산소와 탄소,
질소는 별과 함께 만들어진 것입니다.
이렇게 우리는 우주에 빚을 진 채
살아가고 있습니다.

었으나 실제로 행성은 아니며, 원형의 작은 가스 성운을 의미한다)과 백색왜성白色矮星, white dwarf(별의 진화 마지막 단계 상태로, 청백색을 띠며 질량은 태양의 1.4배 이하이다. 핵융합 반응 없이 서서히 열을 방출하다가 생을 마감한다)이 됩니다. 죽음이죠. 중요한 가스 구름 속에 태양이 만들어낸 걸 뿌려놓는다는 겁니다. 그것들이 뿌려지면, 그곳에 풍성한 별들이 생길 겁니다.

태양은 3세대, 4세대 별이라고들 합니다. 그 앞 세대 별들이 생사生死를 반복하며, 산소와 탄소, 질소 들이 풍부해졌겠죠. 그래서 지금과 같은 태양과 지구가 만들어진 것이고, 우리 같은 생명체가 탄생할 수 있었던 겁니다. 산소와 탄소, 질소는 별과 함께 만들어진 것입니다. 이렇게 우리는 우주에 빛을 진 채 살아가고 있습니다.

혹시 초신성 폭발에 대해 들어보셨나요? 어두웠던 별이 순식간에 죽으며 터지는 것을 말하는데요. 태양보다 약 10배 정도 무거우면, 이렇게 펑 터지면서 죽게 된다고 합니다. 이때 엄청난 압력과 밀도가 형성이 되면서 태양이 평생 방출할 에너지를 한꺼번에 방출합니다. 이 과정이 없으면, 철보다 무거운 금속들이 존재하지 못했을 거예요. 별은 아무리 일생 동안 그런 금속들을 만들어내려고 해도 절대 만들어낼 수 없습니다.

결국 우리 몸속의 원소들 중 수소는 우주의 나이 38만 년에, 산소와 탄소, 질소는 별의 일생을 통해서, 금속은 초신성 폭발로 생겨난 것입니다. 이 과정들로 인해 세상을 구성하는 모든 것이 만들어졌다고 보시면 됩니다. 그리고 그렇게 만들어진 물질들은 지금 이 순간에도 끊임없이 재활용되고 있습니다.

생각하는 별 먼지로 살아간다는 것

이런 이유로 천문학자들은 흔히 인간을 '별 먼지'라고 부릅니다. 우리 몸의 모든 요소가 실은 별이 만들어놓은 것을 재활용한 것이란 의미에서 붙인 말인 셈이죠. 제가 제일 처음 이야기를 시작하면서 왜 별이 나와 남다른 관계인 것 같다느니 별과 교감이 되는 것 같다느니 하는 말을 했는지 이제는 여러분도 이해하실 수 있을 것입니다. 별을 바라보면 우리의 고향 같다는 느낌이 들곤 합니다. 막연히 그곳에 가고 싶어져요. 누군가는 우주여행을 하고 싶어 하는 사람들의 꿈이 결국 고향으로의 회귀 본능이라고도 말합니다.

앞서 우주의 나이가 138억 년이라고 말씀드렸는데요. 이 긴 세월을 압축해서 만든 우주 달력이라는 것이 있습니다. 우주 달력

유럽의 르네상스 시기는 우주 달력에서 보면 12월 31일 밤
11시 59분 59초에 해당합니다. 그러니 우리는 우주의 한 찰
나를 살아가고 있는 것이지요. 어떤 때는 우리가 우주의 모
든 역사를 머금은 별 먼지이니 고귀한 존재처럼 느껴지기도
하고, 어떤 때는 그야말로 먼지처럼 보잘것없고 하찮게 느
껴지기도 합니다. 원래 자연을 대할 때 느끼게 되는 경이로
움은 항상 허무와 함께 찾아오게 마련입니다.

에서는 당연히 1월 1일 0시가 빅뱅의 순간이고요. 바로 지금 순간이 12월 31일 자정입니다.

유럽의 르네상스 시기는 우주 달력에서 보면 12월 31일 밤 11시 59분 59초에 해당합니다. 그러니 우리는 우주의 한 찰나를 살아가고 있는 것이지요. 어떤 때는 우리가 우주의 모든 역사를 머금은 별 먼지이니 고귀한 존재처럼 느껴지기도 하고, 어떤 때는 그야말로 먼지처럼 보잘것없고 하찮게 느껴지기도 합니다. 원래 자연을 대할 때 느끼게 되는 경이로움은 항상 허무와 함께 찾아오게 마련입니다.

6,500만 년 전에 우연히 지구에 떨어진 어느 혜성 또는 소행성 때문에 공룡이 멸종했습니다. 이 혜성이 아니었다면, 지금 이 자리에 공룡의 후손들이 앉아 있을 것입니다. 우리는 포유류가 아니라 파충류나 조류였을 가능성이 큽니다. 한여름에는 파리, 모기를 잡아먹으며 강의를 하고, 강의를 듣고 했겠죠. 실제로 SF 영화들 중에는 파충류를 닮은 외계인이 등장하는 영화들이 많은데요. 아마 그러한 영화적 배경이 등장한 데는 '혜성 충돌이 일어나지 않아서 공룡이 멸종되지 않았다면 어떻게 됐을까?'라는 질문이 숨어 있지 않을까 합니다.

1990년 2월 우주탐사선 보이저호Voyager는 태양계를 나가는 순간, 지구를 비롯한 태양계의 가족사진을 찍었습니다. 이 사진에

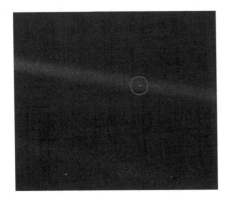

서 지구는 정말 눈을 크게 뜨고 찾아야 겨우 보이는 작은 점에 불과합니다. 여러분도 잘 아시는 세계적인 천문학자이자 《코스모스》의 저자인 칼 세이건은 이를 일컬어 '창백한 푸른 점Pale Blue Dot'이라고 표현하기도 했습니다.

저는 농담 삼아 인류를 이때 이전과 이후로 나누어야 한다고 이야기합니다. 이 창백한 푸른 점의 지구는 살짝 빛을 내는 것처럼 보이는데요. 사실 지구는 아시다시피 스스로 빛을 내지 못하고, 태양빛에 반사될 뿐입니다.

이렇게 우주와 지구 이야기는 허무와 경이를 계속해서 넘나듭니다. 그런데 중요한 건 이겁니다. 별 먼지 이야기를 들을 때 우리는 스스로가 우주의 시공간 안에서 매우 하찮은 존재란 생각이 들곤 하는데요. 사실 바로 그 순간에도 여전히 우리는 말도 하고, 생각도 하는 존재라는 것입니다. 이런 존재가 살아가는 것은 어느 시점의 지구에서도 없었던 일입니다. 우리는 바로 이런 대단한 일이 벌어지는 시대에 살고 있는 셈입니다. 그런 면에서 우리는 굉장히 행복한, '생각하는 별 먼지'가 아닐까 합니다.

스스로의 운명을
개척해나가다

그래서 이런 메시지를 드리고 싶어요. 비록 우리는 우주 달력의 12월 31일 자정 부근을 살아가고 있고 우주가 하라는 대로 하며 살고 있지만, 그럼에도 불구하고 스스로의 운명을 개척해나갈 수 있다!

여러분 모두 1월 1일 0시부터 새로운 역사를 쓰실 수 있습니다. 우리가 그냥 별 먼지였다면 불가능한 일이겠지만, 우리는 '생각하는 별 먼지'이기에 가능한 일입니다.

칼 세이건은 《코스모스》에서 세 번째 부인이자 미망인인 앤 드루얀Ann Druyan에게 이런 말을 남깁니다.

"광대한 우주 그리고 무한한 시간.

이 속에서 같은 행성, 같은 시대를

_____앤_____과 함께 살아가는 것을 기뻐하면서."*

더 이상의 찬사가 없겠죠? 칼 세이건이 앤 드루얀과 같은 행

---

*이 헌사는 저자가 읽은 《코스모스》의 판본을 기준으로 했습니다.

우리는 말도 하고, 생각도 하는 존재입니다.
이런 존재가 살아가는 것은 어느 시점의
지구에서도 없었던 일입니다.
우리는 바로 이런 대단한 일이 벌어지는
시대에 살고 있는 셈입니다. 그런 면에서
우리는 굉장히 행복한, '생각하는 별 먼지'가
아닐까 합니다.

성, 같은 시대를 함께 살게 된 것은 우주가 만들어낸 우연이지만, 이 만남에 적극적으로 의미를 부여해가며 스스로의 운명을 규정한 것은 칼 세이건 자신이었습니다.

이야기를 마치기 전에 여러분께 과제를 하나씩 드리려고 합니다. 위의 글에서 '앤'을 빈칸으로 남긴 다음, 그 자리에 여러분의 누군가를 채워 넣어보세요. 그리고 이 글을 빈칸 속 누군가에게 전달해보세요. 여러분께서도 스스로의 운명을 개척해나가는 첫 걸음을 떼실 수 있을 것입니다.

Q 말씀 도중에 우주가 계속 팽창한다고 하셨는데요. 저는 이 사실 이 공간에 제약이 있다는 것과 같은 이야기가 아닌가 하는 생각이 듭니다. 제가 궁금한 건 과연 그 공간에 끝이 있는 것인지, 그 끝이 우리가 3차원적으로 생각할 수 있는 끝인지입니다.

A 모릅니다. 우주는 계속해서 팽창하는데, 그 규모가 엄청나게 커서 무한대라고들 말합니다. 그런데 제가 우주가 처음 태어날 때 유한한 크기를 갖고 태어났다는 뉘앙스로 말씀을 드린 바 있습니다. 그 크기에서 1,000배가 더 커진다고 생각해보세요. 그래도 유한하긴 유한하죠? 어떤 숫자를 곱해도 마찬가지로 유한합니다. 다만, 그 크기가 얼마인지 모를 뿐이에요. 왜일까요? 몇 배가 커졌는지 그 비율은 알지만, 첫 번째 크기를 모르기 때문입니다. 그 절대적인 크기를 모르다 보니, 우주의 크기를 대충 추론하긴 하지만 진짜 크기가 얼마인지는 모르는 것입니다.

우주의 크기에는 여러 단계가 있는데, 관측 가능한 크기가 있긴 합니다. 우주 공간 속에서 빛보다 빠른 정보 전달은 없는데요. 어느 순간 우주의 팽창 속도가 빛 속도와 같아지게 되면, 그 순간을 넘는 공간이 있다 해도 우리에게 그 빛이 도달하진 못하겠죠. 그 경계면을 바로 '관측 가능한 우주의 끝'이라고 합니다.

Q 138억 년이라는 우주의 나이가 어떤 의미인지 궁금한데요. 우주 안에서 봤을 때 시간이 흘렀다는 건가요, 우주 밖에서 시간이 흐른 건가요?

A 138억 년은 우주 안의 시간이고요. 우주 밖의 시간 개념이란 건 아예 없습니다. 우주가 하나가 아닐 가능성을 이야기하는 '다중 우주'란 개념이 있는데, 이것에 대해 말하려면 다시 긴 강연을 해야 할 것이고요. 지금 말하는 하나의 우주 개념에서는 우주 밖이란 건 없습니다. 유일하니까요. 그것을 넘어가면 다중 우주이고요.

Q 제가 작년에 들었던 진화론 수업에서는 교수님께서 폭발할 때는 속도가 빠르지만, 곧 폭발 속도가 줄어든다고 하셨는데요. 빅뱅이 처음 시작될 때는 팽창 속도와 빛의 속도가 더 빨랐을 수도 있나요?

A 우주는 태어나자마자 엄청나게 빠른 속도로 팽창합니다. 급팽창이라고 하지요. 그러다 팽창 속도가 줄어들다가 다시 팽창 속도가 커지고 있거든요. 급팽창 시기의 팽창 속도는 빛의 속도보다 빨랐을 수있어요.

Q '나는 어디에서 왔는가'라고 하는, 우리의 기원에 관한 설명 잘 들었습니다. 그렇다면 이제 제가 어디로 가는가에 대한 선생님의 생각도 듣고 싶습니다.

A 짧게 답하겠습니다. 제가 강연 말미에 여러분은 1월 1일 0시를 만들 수 있다고 했잖아요. 그런가 하면 과학에는 경이와 허무가 동시에 공존한다는 말씀도 드렸습니다.

사실 지난 세월 동안 우리를 위로해준 것은 인류 문명 속의 종교나 신화 같은 것들이었습니다. 이런 것들이 우리의 삶을 지배하면서 우리 스스로 삶에 가치를 부여하게 만들어주었습니다.

그런데 저는 이 시기에 특히 고귀한 존재가 바로 과학자들이라고 생각합니다. 수소 알갱이를 매일 마시고 살아가는 이들은 이 우주 전체를 다 생각할 수 있어요. 그래서 더 이상 자연을 두려워하지 않고 그렇다고 종교로 빠지지도 않은 채, 세상을 마주하며 살아갈 수 있습니다.

또한 가치를 창출하기도 합니다. 지구에서는 지금 이 순간에도 전쟁을 비롯한 온갖 갈등 상황이 펼쳐지고 있는데요. 이때 나만 볼 것이 아니라, 이웃나라의 일들 한 걸음 더 나아가 지구 상에서 벌어지는 모든 일들을 돌아보아야 합니다. 그 과정에서 종교나 신화의 가치를 다시 과학으로 옮겨 생각할 수 있지 않을까 합니다.

저는 여러분 모두가 지금 이 순간부터 여러분만의 새로운 가치를 써나갈
수 있을 거라 믿습니다. 감사합니다.

우리는 무엇을
선택할 것인가

by 안병옥

우리에게 좋은 선택은 곧 지구에게도 좋은 선택일 가능성이 큽니다.
자동차에 의존하지 않는 삶, 육식을 줄이는 식생활, 자연과 교감하는 걷기 등은
지구를 살리는 길이기도 하지만, 건강을 지키는 방법이기도 하니까요.

인생은 선택의 연속이라고 합니다. 오늘 아침만 하더라도 여러분은 '몇 시에 일어날 것인가?' '아침은 먹을 것인가, 건너뛸 것인가?' '먹는다면 무엇을 먹어야 하나?' '어떤 옷을 입고 집을 나설 것인가?' '어떤 교통수단을 타고 목적지로 갈 것인가?' 등 많은 선택을 하셨을 겁니다. 이처럼 우리의 일상은 순간적인 선택으로 빽빽하게 채워져 있습니다.

지금 저는 계속 말을 하고 있는데요. 이렇게 말을 하는 행위도 어떤 단어들을 어떻게 조합할 것인가를 결정하는 끊임없는 선택의 과정입니다. 또한 이 순간 제 얘기를 듣는 여러분들의 뇌도 수많은 단어와 문장을 어떤 맥락에서 걸러내 기억할 것인지 쉬지 않고 활동하고 있습니다.

이처럼 매일 반복되는, 그래서 어쩌면 쉬워 보이는 선택도 있지만, 그렇지 않은 선택도 있습니다. '이 사람과 결혼할 것인가, 말 것인가?' '이 직장을 계속 다닐 것인가, 그만 둘 것인가?' '직장 상사의 부당한 지시를 거부할 것인가, 참을 것인가?'처럼 간단하지 않은 선택이 바로 그런 경우라고 할 수 있죠.

그렇다면 사소한 선택은 중요한 선택에 비해 쉬울까요? 그렇지 않습니다. 사소해 보이는 문제일수록 오히려 결정을 내리기 더 어려운 경우도 많습니다. 이 문제에 대해서는 잠시 후에 더 이야기를 나눠보겠습니다.

선택은
자유의 상징인가

흔히들 선택은 그것이 사소한 것이든 중요한 것이든 자유의 상징이라고 이야기합니다. 제대로 된 선택의 전제조건은 '자유'라는 뜻입니다. 완전한 선택은 몸과 영혼이 자유로운 상태에 있을 때만 가능합니다. 그렇다면 스스로에게 이런 질문을 던져볼 필요가 있겠지요.

"나는 자유로운 존재인가? 자유로운 선택을 하고 있는가?"

쇠창살 속에 한 사람이 갇혀 있습니다. 이 사람이 먹고 마시는 것은 누군가가 밖에서 음식과 물을 제공할 때만 가능합니다. 허가를 받지 못하면, 화장실에 가거나 가족을 만날 수도 없습니다. 이처럼 가장 기본적인 욕구조차 제한되는 곳은 어디일까요? 네, 그렇습니다. 감옥과 군대입니다. 감옥과 군대, 이 두 곳을 지배하는 것은 감시와 통제입니다. 감시와 통제가 지배하는 사회에서 나의 삶과 선택을 지배하는 것은 내가 아니라 타인일 수밖에 없습니다.

그런데 감시와 통제를 받으며 지내던 사람이 마침내 그곳을 벗어났다고 가정해봅시다. 그렇다면 이제 그 사람은 자유로운 선택을 할 수 있는 것일까요? 우리 주변에는 군대를 다녀온 후 "제대했더니, 몸은 편한데 마음은 그때가 더 편했다"라고 말하는 사람들이 많습니다. 몸의 자유가 영혼의 자유까지 보장해주는 것은 아니라는 뜻입니다.

그러고 보면 우리는 자유를 누리고 있다고 착각하고 있는 것은 아닐까요? 감옥 바깥에 있다고 생각하지만, 실은 평수만 넓은 또 다른 감옥 속에 갇혀 있으면서 스스로를 자유로운 존재라고 생각하고 있는지도 모를 일입니다.

우리는 자유를 누리고 있다고 착각하고
있는 것은 아닐까요? 감옥 바깥에 있다고
생각하지만, 실은 평수만 넓은 또 다른
감옥 속에 갇혀 있으면서 스스로를
자유로운 존재라고 생각하고
있는지도 모릅니다.

자유로운 선택은
왜 어려운가

우리가 여전히 감옥 속에 갇혀 있는 신세라면 완전히 자유로운 선택은 불가능합니다. 자유로운 선택은 왜 어려운 것일까요? 그 원인은 크게 네 가지로 살펴볼 수 있습니다.

첫째, 시간이라는 변수입니다. 현재의 선택은 과거의 선택으로부터 자유롭지 않습니다. 모든 선택은 과거에 이미 이루어졌던 선택의 연장 선상에서 이루어지고 있다는 것인데요. 제가 지금 가지고 있는 가치관, 생활습관, 취미 등은 과거로부터 차곡차곡 쌓여온 것입니다. 선택은 과거가 아니라 미래를 향한 것이지만, 몸, 의식, 무의식에 기록된 나의 역사로부터 완전히 독립적인 선택은 있을 수 없습니다.

둘째, 공간적이고 물리적인 제약입니다. 우리는 가끔 "먹지 않고도 살 수 있으면 얼마나 좋을까?"라고 생각합니다. 하지만 그것은 생물학적으로 불가능한 얘기입니다. 어떤 분들은 "과학 기술이 이만큼이나 발전했는데, 늙지 않고 영원히 살 수는 없을까?"라고 이야기하기도 합니다. 역시 비현실적인 이야기입니다. 세상에 태어나 늙어가다가 죽는 것은 자연의 피할 수 없는 법칙입니다.

동물이 식물만큼 오래 살지 못하는 이유는 무엇일까요? 움직임이 크고 빨라서 에너지를 많이 소비하기 때문입니다. 공간적인 제약도 무시할 수 없습니다. 지금 이곳에서 화재가 발생했다 칩시다. 제가 빨리 바깥으로 나가고 싶다 해서, 문으로 나가지 않고 벽을 몸으로 뚫고 지나갈 수 있을까요? 절대로 불가능합니다. 인정하든 그렇지 않든 우리 삶의 선택에는 이렇듯 물리적인 제약이 따릅니다.

셋째, 외부의 입력과 조작입니다. 나의 선택은 외부에서 입력된 정보로부터 자유롭지 않습니다. 아침에 일어나 TV를 켜자마자 광고가 시작됩니다. 밖에 나가면 도시 곳곳에서 광고 간판들을 접하게 되고, 길을 걸으면서는 수없이 많은 광고 전단지들을 받습니다. 컴퓨터를 켜면 온갖 광고 메일과 팝업 창들을 보게 됩니다. 아무리 스팸 설정을 해놔도 휴대전화에는 끊임없이 광고 메시지가 도착하죠.

오늘 이 자리에 오기 위해 탔던 지하철에서도 광고 몇 개가 눈에 띄었습니다. 가장 먼저 눈에 들어온 것은 "지금 이 순간 당신의 심장은 뛰고 있는가?"라는 커피 광고였는데요. 원빈이라는 출중한 외모의 배우가 커피잔을 들고 당신의 심장은 뛰고 있느냐고 묻습니다. 이 커피를 마시지 않으면 마치 심장이 뛰지 않는 사람 취급을 받을 것만 같습니다. "예쁜 애들은 다 알아"라는 광고도 마찬가지입니다. 어떤 광고인지 다 아시겠죠? 네, 그렇습니다.

성형외과 광고입니다. 이건 '이 성형외과 모르면 예쁘지 않은 사람'이라는 협박에 가까운 내용입니다. 이런 상황에서 나의 선택이 100퍼센트 나의 것이라고 말할 수 있을까요?

마지막으로는 '불확실성'과 '심리적 거부psychological denial'를 들 수 있습니다. 미국의 대표적인 시인 로버트 프로스트Robert Frost의 '가지 않은 길The road not taken'이란 시를 들어보셨을 겁니다. '노란 숲 속에 두 갈래의 길이 있었다'로 시작하는 이 시는 '나는 사람들이 덜 선택한 길을 택했고, 그로 인해 모든 것이 달라졌다'는 이야기로 끝맺습니다.

우리는 살아가면서 어느 길을 택해야 할지 잘 모를 때가 많습니다. 선택의 갈림길에서 우리가 고민에 빠지는 것은, 선택이 가져올 결과를 정확하게 예측할 수 없는 '불확실성' 때문입니다. 길을 가다 보면 선택했던 길은 다시 여러 갈래로 나뉘고 새로운 길로 이어지게 됩니다. 어느 순간부터는 내가 어떤 선택을 하며 여기까지 오게 되었는지 기억할 수조차 없게 됩니다.

'심리적 거부'도 자유로운 선택을 가로막는 요인입니다. 심리적 거부는 심리학 용어인데요. 고통스러운 감정을 자극할 때 이를 무의식적으로 억압하거나 지각 자체를 거부하는 현상을 말합니다. 대형 댐의 하류에 사는 주민들을 예로 들어보겠습니다. 댐 바로 아래 사는 주민들과 댐에서 멀리 떨어진 지역에 사는 주민들

우리는 살아가면서 어느 길을 택해야 할지
잘 모를 때가 많습니다. 선택의 갈림길에서
우리가 고민에 빠지는 것은,
선택이 가져올 결과를 정확하게
예측할 수 없는 '불확실성' 때문입니다.
어느 순간부터는 내가 어떤 선택을 하며
여기까지 오게 되었는지조차
기억할 수 없게 됩니다.

중에서 어느 쪽이 더 댐이 무너질까 봐 걱정할까요? 댐 바로 아래 사는 주민들이라고 생각하기 쉽지만, 연구 결과는 오히려 정반대입니다. 댐 바로 아래 사는 주민들은 별로 걱정하지 않는다는 것이죠. 이는 그들의 내면에서 '여기는 안전하다'는 방어 기제가 작동하기 때문입니다. 매일 댐을 바라보며 살아야 하는 사람들이 평정심을 유지할 수 있는 유일한 방법은 댐이 무너질 수 있다는 가능성을 부인하는 것뿐입니다. 심리적으로 안전하다고 믿는 것과 진실은 완전히 별개의 문제인 것이죠.

선택이 제약을 동반한다는 것을 전제로 프랑스의 니콜라 사르코지Nicolas Sarkozy 전前 대통령은 어떤 선택을 했는지 잠깐 살펴볼까요? 165센티미터의 단신인 사르코지 대통령은 자신의 이미지 관리에 철저했던 인물로 잘 알려져 있습니다. 특히 언론과 인터뷰할 때 자신의 작은 키와 관련된 질문에 민감하게 반응했다고 합니다.

2009년 미국의 오바마 대통령 내외가 프랑스를 국빈 방문했을 때의 일입니다. 함께 사진을 찍어야 하는데 문제가 생겼습니다. 버락 오바마Barack Obama 대통령의 키는 185센티미터, 미셸 오바마Michelle Obama와 사르코지의 세 번째 부인 카를라 브루니Carla Bruni의 키는 180센티미터로 사르코지의 키와는 큰 차이가 있었습니다. 이때 사르코지는 어떤 선택을 했을까요? 그는 발꿈치를 높이 들어 올려 까치발로 중력에 도전했습니다! 사르코지는 그 상태로 최소한 몇 분 넘는 시간을 버텨야 했습니다.

이처럼 선택은 고통스러운 작업입니다. 어떤 선택이든 육체적, 정신적 긴장감을 동반하게 마련인 것이죠.

그 선택은 지구에게도 좋은 것이었을까

인류의 역사 속에서 가장 많은 사람들이 보고 기억하는 사진이 있다면 바로 '푸른 구슬'이라는 이름을 가진 '블루 마블The blue marble'일 것입니다. 1972년 아폴로 17호 승무원들이 촬영한 이 사진은 세상 사람들의 생각을 크게 바꾸어놓았습니다.

별은 선사시대부터 관찰과 숭배의 대상이었습니다. 그런데 예외가 있었으니, 그것은 바로 지구라는 별이었습니다. 지구에 살고 있는 우리로서는 지구를 관찰의 대상으로 삼을 수 없었기 때문입니다.

동물행동학자들은 '거울자기인식mirror self-recognition' 테스트를 통해 동물에게 자의식이 있는지 분석합니다. '거울에 비친 자신의 모습을 인식한다는 것'은 '스스로를 타자화해 생각한다(남의

눈으로 자신을 바라본다)'는 것입니다. 이는 '반성적 사유'를 할 수 있다는 뜻이기도 합니다. 침팬지, 고릴라, 오랑우탄 등 유인원과 코끼리, 돌고래 등 거울자기인식 테스트를 통과한 동물들은 많습니다. 이를테면 돌고래는 페인트가 칠해진 자신의 꼬리를 거울에서 본 뒤 자신의 몸을 흘끗거립니다. 최근에는 유럽 까치European magpie가 이 대열에 합류했다고 합니다.

블루 마블 사진을 보기 전까지 우리는 지구 전체의 모습을 볼 수 없었기 때문에 엄밀한 의미에서 거울자기인식을 갖지 못했다고 말할 수 있습니다. 그러다 이 사진 덕분에 우리는 지구가 수많은 생명체를 태우고 우주를 여행하는 한 척의 배라는 사실 그리고 지구의 운명은 곧 우리 모두의 운명이라는 사실을 깨닫게 된 것이죠. 그렇다면 이런 질문을 해볼 수 있겠습니다.

"지금까지 인류의 선택은 지구를 위해서도 옳은 것이었을까? 지구가 과적過積을 하고 있다면, 우리는 어떤 선택을 해야 할까?"

지금까지 우리가 해온 선택들, 그러니까 자동차를 만들고, 냉장고를 사고, 더 좋은 옷을 지어 입고 하는 것들이 우리에게는 좋은 일들이었지만, 과연 지구에게도 좋은 선택이었을까요? 1960년대에는 인류가 사용하는 자원과 에너지가 지구가 제공해줄 수 있는 양의 절반 정도였습니다. 그런데 불과 10여 년이 지난 1970년대에는 지구 하나가 제공해줄 수 있는 양이 모두 필요하게 됐고, 2000년대에 들어서는 지구 하나로 부족해졌습니다. 이제 우리는 지구 1.5개에 해당하는 에너지와 자원을 쓰고 있습니다.

그런데 지구는 몇 개입니까? 우리가 지구를 복제해 쓸 수 있을까요? 당연히 지구는 하나뿐이고 복제해서 쓸 수도 없습니다. 그렇다면 '하나뿐인 지구'에서 지구 1.5개와 맞먹는 에너지와 자원을 쓰는 일이 어떻게 가능한 걸까요? 매월 100만 원 버는 사람이 150만 원씩 쓰고 있다는 얘기인데, 이게 불가능한 일은 아닙니다. 은행이나 친구, 가족 등 누군가로부터 50만 원씩 빌려 쓰면 되는 거니까요. 지구 0.5개는 누구에게 빌릴 수 있을까요? 물론 다음 세대입니다. 저희 세대는 여러분 세대에게, 여러분 세대는 앞으로 여러분이 낳을 아이들 세대에게 빌릴 수밖에 없습니다.

지구가 여러 개라면, 앞선 세대가 다소 풍족하게 쓰더라도 다음 세대의 몫이 어느 정도는 남아 있을 겁니다. 그러나 지구는 딱 하나입니다. 지구가 하나라는 것은 제가 쓰면 쓸수록 여러분의 몫이 줄어든다는 걸 의미합니다. 여러분이 쓰면, 그다음 세대의 몫이 줄어들 것입니다. 그렇다면 여러분은 왜 우리 세대가 빌려간 0.5개의 지구를 돌려달라고 말하지 않는 거죠?

경제 성장과 기술 발전이 해결사인가

우리가 눈 하나 깜짝하지 않고 지구 1.5개를 쓸 수 있는 것은 왜일까요? 바로 성장이 무한대로 가능하다는 믿음이 있기 때문입니다. 방송이나 신문에 오르내리는 이야기들을 한번 살펴보십시오. 경제 성장률이 올라가지 않으면 큰일이라도 날 것만 같습니다. 대통령은 2015년 신년 기자회견에서 "올해를 국민소득 4만 달러 시대의 기반을 다지는 해로 만들겠다"고 공언하기도 했지요. 오늘날 경제 성장률이나 GDP, 국민소득은 단순한 수치가 아니라 무조건적인 숭배의 대상입니다. 경제 성장, 다시 말해 돈이 모든 것을 지배하는 사회에서 '하나뿐인 지구'는 사람들의 관심 목록에서 밀려날 수밖에 없습니다.

지금 지구에는 70억 명 이상의 인구가 살고 있습니다. 이들이 모두 4만 달러의 소득을 가질 수 있을까요? 불가능한 일입니다. 과거에는 저 같은 사람들만 '성장의 한계'를 얘기했지만 지금은 다릅니다. 국제기구, 은행, 컨설팅 회사들까지 지금 이대로는 경제 성장조차 불가능하다고 말합니다. 미국의 대표적인 신용평가 기관인 스탠더드앤드푸어스Standard & Poor's, S&P가 한 국가의 신용 등급을 매기는 기준에 고령화와 기후 변화가 포함될 것이라고 발표할 정도입니다. 기후 변화에 관한 정부 간 협의체Intergovernmental Panel on Climate Change, IPCC는 지구 평균 기온이 섭씨 2도 이상 올라가면 기후 변화의 임계점threshold을 벗어나게 되는데, 파국을 막기 위한 시간은 30년도 채 남아 있지 않다고 발표하기도 했습니다.

경제 성장 자체에 대해서도 한번 짚어볼 필요가 있습니다. 경제학자들은 경제 성장을 통해 더 많은 분배를 실현할 수 있다고 말합니다. 하지만 현실은 어떤가요? 세계 부富의 46퍼센트, 그러니까 거의 절반에 가까운 부를 상위 1퍼센트의 사람들이 소유하고 있습니다. 85명의 재산이 35억 명의 재산을 모두 합친 것과 맞먹는다는 통계도 있습니다.

우리나라도 크게 다르지 않습니다. 2014년에 발표된 한 논문

IPCC는 지구 평균 기온이 섭씨 2도 이상 올라가면 기후 변화의 임계점을 벗어나게 되는데, 파국을 막기 위한 시간이 30년도 채 남아 있지 않다고 발표하기도 했습니다.

에 따르면, 2010년 한 해 동안 근로소득과 재산소득, 사업소득을 모두 합친 개인 소득자 3,122만 명의 중위소득이 1,074만 원으로 밝혀졌습니다. 중위소득이란 가장 소득이 적은 사람부터 많은 사람까지 일렬로 세웠을 때 중간에 있는 사람의 소득을 말합니다. 수십 년간 성장을 추구한 결과가 저소득과 불평등이라면 우리가 경제 성장에만 목을 매달아야 할 이유는 없을 것입니다.

기술이 모든 문제를 해결해줄 것이라는 환상에서도 벗어날 필요가 있습니다. 자동차 하나만 생각해봐도 기술은 정말 빠르게 발전해왔습니다. 최근에는 전기 자동차나 하이브리드 자동차를 이용하는 사람들도 많아졌지요. 그런데 자동차 기술이 이렇게 비약적으로 발전해왔음에도 불구하고, 왜 자동차가 만들어내는 환경 문제는 줄지 않는 걸까요? 기술 발전 속도보다 우리의 욕망이 증가하는 속도가 더 빠르기 때문입니다. 기술이 발전하면서 자동차 연비, 즉 에너지 효율은 과거와 비교할 수 없을 정도로 좋아졌습니다. 하지만 욕망의 크기에 비례해 자동차 수가 늘어나는 속도는 그보다 훨씬 빨랐는데요. 이처럼 욕망이 커지는 속도가 기술 발전 속도보다 더 빨라지게 되면, 기술이 아무리 발전해도 당면 문제를 해결할 수가 없습니다.

냉장고도 마찬가지입니다. 제가 어릴 적에 어머니께서 냉장고를 구해 오신 후 무척 좋아하시던 기억이 있습니다. 그 당시 어머니의 냉장고는 집안의 보물이었지만, 사실 그 냉장고는 지금 판매되는 냉장고와 비교하면 성능 면에서 비교가 되지 않을 정도로 낙후된 가전제품입니다. 첨단 기술을 적용한 오늘날의 냉장고들은 같은 냉장 시간에 소비하는 전력량이 옛날 제품들보다 훨씬 더 적습니다. 하지만 지구 상에 존재하는 모든 냉장고의 총 전력 소비량도 줄었을까요? 당연히 아닙니다. 과거에는 냉장고 크기도 작았고 집안에 냉장고 1대만 있어도 모두들 감지덕지했지만, 지금은 큰 냉장고 2대를 갖고도 부족하다고 생각하는 사람들이 많은 세상이기 때문입니다.

1865년 영국의 경제학자 윌리엄 스탠리 제번스William Stanley Jevons는 "효율이 높아지면 에너지 소비가 줄어든다고 생각하는 것은 완전한 착각이다. 도리어 소비는 증가한다"는 사실을 강조했습니다. '제번스의 역설Jevons paradox'로 불리는 이 현상의 비밀은, 욕망이 무한 증식하도록 내버려두면 기술은 무기력할 수밖에 없다는 사실에 있습니다. 고효율 자동차 덕분에 마음이 놓인 사람들이 더 자주, 더 멀리 자동차를 몰고 다니지는 않을까요? 결국 우리는 기술을 지렛대 삼아 무한대로 성장할 수 있다는 낙관주의에서 벗어나야 합니다. 기술 진보와 욕망의 복잡한 함수 관계를 풀어야 한다는 뜻입니다.

마지막으로 던져야 할 것은 "우리의 소비는 자유로운가?"라는 질문입니다. 이 자리에 휴대전화를 3년 이상 사용하고 있는 분은 얼마나 계실까요? 요즈음은 휴대전화 교체주기가 6개월 정도로 계속 단축되고 있다고 합니다. 그야말로 '신상 중독'인 셈인데요. 이렇듯 많은 사람들이 '쓰고 버리기'에 익숙한 이유는 '계획적 진부화planned obsolescence'와 깊은 관련이 있습니다.

1954년에 미국의 산업 디자이너 브룩스 스티븐스Brooks Stevens는 계획적 진부화를 "필요보다 약간 더 새롭고, 더 좋으며, 더 빠른 어떤 물건을 소유하려는 욕망을 구매자들에게 불어넣는 것"으로 정의했습니다. 기업이 소비를 늘리기 위해 계획적으로 제품의 수명을 단축하거나 결함을 집어넣는다는 점에서 도덕적으로 충분히 비난받을 만한 행위입니다. 결국 소비자들은 자신의 욕망을 스스로 통제한다고 생각하지만, 실상은 전혀 그렇지 않다는 것인데요. 우리가 물건을 정말 자유로운 상태에서 구매하고 있는지 냉정하게 따져볼 필요가 있습니다.

어떤 선택을 할 것인가

이제 여러분과 함께 나누고 싶었던 질문으로 돌아가 보겠습니다. 우리는 무엇을 선택해야 할까요? 후회하지 않을, 아니 후회를 최소화할 수 있는 선택의 기준은 무엇일까요? 우리가 지구의 일부라면, 위기의 지구 앞에서 우리에게 허용된 자유는 어디까지일까요? 물론 답을 찾는 것은 순전히 여러분의 몫입니다.

제가 가장 권하고 싶은 것은 '냉소주의와의 결별'입니다. 지구적 위기가 현실화될수록 "어차피" 또는 "너나 잘하세요"라는 생각에 갇히기 쉽습니다. 냉소주의는 '소화되지 않은 고통'입니다. 작가 황정은이 말한 대로 희망이 없다고 말하는 것은 오히려 쉬운 일인지도 모릅니다. 그러나 위기가 다가올수록 우리에게 필요한 것은 죄책감이 아니라 낙관주의입니다. '나의 욕망은 과연 진실된 것인가'라는 질문을 스스로에게 던지는 것만으로도 우리는 희망을 향해 나아갈 수 있을 것입니다.

두 번째는 욕망의 지향점과 색깔을 들여다보는 일입니다. 내가 궁극적으로 가고자 하는 곳이 어디인지를 따져보는 것인데요. 오늘 제가 드릴을 구입했다고 가정해보겠습니다. 그런데 제가 정말 원했던 것은 이 드릴이었을까요? 아닙니다. 드릴이 필요했던 것은 벽에 구멍을 내고 싶었기 때문입니다. 드릴은 수단입니다. 목적은 벽에 구멍을 내는 것입니다. 수단에 얽매인 욕망은 가짜 욕망입니다. 목적을 정확하게 인식하는 욕망만이 진짜 욕망입니다.

욕망은 누른다고 해서 절대량이 쉽게 줄어들지 않습니다. 너무

심하게 누르면 터져버릴 수도 있는 게 바로 욕망입니다. 그래서 욕망을 다루는 가장 좋은 방법은 욕망에 다른 색깔을 입히는 것입니다. 신상의 유혹과 조작된 욕망의 자리에 진실된 욕망의 색깔을 입히는 것입니다.

세 번째는 더 넓게 공감하고 나 자신과 세계를 연결하는 것입니다. 공감은 보이는 것뿐만 아니라 보이지 않는 것까지도 함께 느끼는 것 그리고 세계와의 연결고리를 만드는 것입니다. 가수 홍순관 씨의 노래 중 '쌀 한 톨의 무게'라는 곡이 있습니다. 쌀 한 톨의 무게가 얼마나 될까요? 0.016그램 정도라고 합니다. 이건 순전히 도량형의 무게를 다는 저울에 근거한 대답입니다. 그런데 과연 쌀 한 톨의 무게는 이게 다일까요?

쌀 한 톨의 무게는 얼마나 될까.

내 손바닥에 올려놓고 무게를 잰다.

바람과 천둥과 비와 햇살과

외로운 별빛도 그 안에 스몄네.

농부의 새벽도 그 안에 숨었네.

나락 한 알 속에 우주가 들었네

— 홍순관의 노래 '쌀 한톨의 무게' 중에서

홍순관 씨는 쌀 한 톨에는 바람, 천둥, 비와 햇살, 외로운 별빛이 스며 있고, 농부의 새벽도 숨어 있다고 말합니다. 나락 한 알속에는 우주가 들어 있으니 쌀 한 톨의 무게는 우주의 무게라고 노래합니다. 여기에서 쌀 한 톨은 배고픔을 달래주는 단순한 도구가 아닙니다. 바람, 천둥, 비와 햇살, 외로운 별빛, 농부의 땀 그리고 우주를 나에게로 연결시켜주는 생명의 다리입니다. 그래서 쌀 한 톨을 먹는다는 것은 나와 세계 그리고 우주와 접속하는 일이 됩니다. 보이지 않는 것을 보는 것, 보이는 것 바깥에 존재하는 더 큰 의미를 생각하는 것이야말로 공감의 시작입니다. 공감하지 않으면 우리가 지구라는 우주선에 동승한 운명 공동체라는 사실을 망각하기 쉽습니다.

자, 이제 마쳐야 할 시간입니다. 우리가 지구의 일부라는 것은 명백한 사실입니다. 따라서 우리 자신에게 좋은 선택은 곧 지구에게도 좋은 선택일 가능성이 큽니다. 자동차에 의존하지 않는 삶, 육식을 줄이는 식생활, 자연과 교감하는 걷기 등은 지구를 살리는 길이기도 하지만, 의사들이 건강을 지키는 방법으로 권하는 것이기도 합니다. 여러분들은 자신에게 정말 좋은 선택을 하시기 바랍니다. 그러면 위기에 빠진 지구도 구할 수 있습니다. 오늘 제가 드린 말씀이 여러분의 선택에 조금이나마 도움이 되었으면 하는 바람입니다.

Q / 마지막에 지구를 위한 선택이 결국 나 자신에게도 좋은 선택이라고 말씀하셨는데요. 나를 생각하지 않은, 지구 그 자체를 위한 선택 행위는 가치가 없다고 생각하시나요? 만약 가치가 있다면, 그 점을 사람들에게 어떻게 설득하실 것인지 궁금합니다.

A / 어려운 질문입니다. 인간의 유전자가 이기적인가, 이타적인가 하는 논쟁과도 연결되는 것 같고, 결국 나에게 도움이 되지 않더라도 지구를 위한 것이면 할 수 있겠느냐는 질문으로도 들립니다. 나의 이해관계를 배제한 상태에서 지구를 위해 내리는 선택은 그 자체로서 이미 위대한 선택입니다. 따라서 가치가 있는 것은 당연합니다.

제가 이 자리에서 여러분들과 함께 생각해보고 싶은 것은 "지구를 위한 선택은 나를 위한 선택과 배치되는가?"라는 질문이었습니다. '지구를 위한 선택'이 '나의 희생'을 수반한다고 보는 시각을 갖게 되면, 그 선택을 오랫동안 지속하기 어렵습니다. 그런데 곰곰이 생각해보면 '지구에게 좋은 것'은 '나의 희생'이 아니라 '나에게도 좋은 것'인 경우가 대부분입니다. 그래서 보이지 않는 것을 보는 능력이 중요하다고 말씀드린 것입니다. 나와 타자 그리고 지구가 서로 연결되어 있다는 사실을 알게 된다면, '지구를 위한 선택'과 '나 자신에게 좋은 선택'의 구분 자체가 의미 없는 일이 되지 않을까요?

Q 저는 어릴 적부터 방은 어지럽힌 사람이 치워야 한다고 교육을 받아왔습니다. 그런데 탄소 배출권 거래의 경우에는 방을 '어지른 사람 따로, 치우는 사람 따로'라는 해석이 가능한데요. 이를 어떻게 생각하시나요? 더 나은 방향이 있는지에 대해서도 여쭙고 싶습니다.

A 방을 어지럽힌 사람이 치워야 한다는 것은 현대 환경정책의 핵심 원리 가운데 하나인 '오염자 부담 원칙Polluter Pays Principle'을 연상하게 합니다. 그런데 탄소 배출권 거래제도가 이 원칙에 어긋난다고 보기는 어렵습니다. 탄소 배출권 거래제도는 정부가 기업들에게 탄소 배출 허용량을 부여하되, 감축을 많이 해서 허용량이 남는 기업은 배출권을 다른 기업에 판매할 수 있고 반대로 감축 노력을 게을리해서 허용량이 부족한 기업은 다른 기업으로부터 부족한 배출권을 구입할 수 있도록 하는 제도입니다. 기업들이 마음껏 배출해왔던 탄소에 가격을 매겨 배출량이 일정 수준을 넘으면 그 비용을 지불하게 한다는 점에서 오염자 부담 원칙에 잘 들어맞는 측면이 있습니다. 물론 위험도 있습니다. 탄소 감축은 하지 않고 배출권을 팔아 앉아서 부당 이득을 올리는 기업이 나타날 수도 있겠지요. 그렇게 되면 그야말로 '어지른 사람 따로, 치우는 사람 따로'가 됩니다. 그런 사태를 막기 위해서는 정부의 엄격한 배출권 시장 운영과 시민들의 감시가 필요할 것입니다.

생각수업

2015년 6월 25일 초판 1쇄 발행
2016년 1월 5일 초판 6쇄 발행

지은이 | 박웅현 진중권 고미숙 장대익 장하성 데니스 홍 조한혜정 이명현 안병옥
기획 | 마이크임팩트
발행인 | 이원주
책임편집 | 김효선
책임마케팅 | 이지희

발행처 | (주)시공사
출판등록 | 1989년 5월 10일(제3-248호)
브랜드 | 알키

주소 | 서울시 서초구 사임당로 82(우편번호 137-879)
전화 | 편집(02)2046-2864 · 마케팅(02)2046-2846
팩스 | 편집(02)585-1755 · 마케팅(02)585-1755
홈페이지 | www.sigongsa.com

ISBN 978-89-527-7777-5 03300